# No caminho com Jesus
## Catecumenato Eucarístico

Dados Internacionais de Catalogação na Publicação (CIP)
(Câmara Brasileira do Livro, SP, Brasil)

No caminho com Jesus : catecumenato eucarístico : volume 4 : catequizando / organização Ir. Angela Soldera, Pe. Rodrigo Favero Celeste. Petrópolis, RJ : Vozes, 2023. – (Coleção no Caminho com Jesus)

1ª reimpressão, 2025.

ISBN 978-65-5713-969-1

1. Catecumenato  2. Catequese – Igreja Católica
3. Cristianismo  4. Eucaristia (Liturgia)  5. Ritos de iniciação
I. Soldera, Ir. Angela.  II. Celeste, Pe. Rodrigo Favero.  III. Série.

23-152572                                                            CDD-268.82

Índices para catálogo sistemático:
1. Catecumenato : Iniciação cristã : Igreja Católica
268.82
Aline Graziele Benitez – Bibliotecária – CRB-1/3129

**Arquidiocese de Londrina**

Ir. Angela Soldera
Pe. Rodrigo Favero Celeste
(Organizadores)

# No caminho com Jesus
## Catecumenato Eucarístico

### Volume 4 – Catequizando

**Equipe de elaboradores**

Aparecida Peixoto da Silva
Belmira Apparecida da Silva de Souza
Valéria Queiróz Pereira
Ir. Luciana de Almeida
Maria Nilza Rodrigues Mattos
Vitor Henrique dos Santos
Ir. Angela Soldera

EDITORA VOZES
Petrópolis

© 2023, Editora Vozes Ltda.
Rua Frei Luís, 100
25689-900  Petrópolis, RJ
www.vozes.com.br
Brasil

Todos os direitos reservados. Nenhuma parte desta obra poderá ser reproduzida ou transmitida por qualquer forma e/ou quaisquer meios (eletrônico ou mecânico, incluindo fotocópia e gravação) ou arquivada em qualquer sistema ou banco de dados sem permissão escrita da editora.

**Conselho Editorial**

**Diretor**
Volney J. Berkenbrock

**Editores**
Aline dos Santos Carneiro
Edrian Josué Pasini
Marilac Loraine Oleniki
Welder Lancieri Marchini

**Conselheiros**
Elói Dionísio Piva
Francisco Morás
Teobaldo Heidemann
Thiago Alexandre Hayakawa

**Secretário executivo**
Leonardo A.R.T. dos Santos

**Produção editorial**
Anna Catharina Miranda
Bianca Gribel
Eric Parrot
Jailson Scota
Marcelo Telles
Mirela de Oliveira
Natália França
Priscilla A.F. Alves
Rafael de Oliveira
Samuel Rezende
Verônica M. Guedes
Vitória Firmino

*Diagramação*: Victor Mauricio Bello
*Revisão gráfica*: Jhary Artiolli
*Capa*: Editora Vozes

ISBN 978-65-5713-969-1

Este livro foi composto e impresso pela Editora Vozes Ltda.

# APRESENTAÇÃO

Querido(a) catequizando(a),

Pelo Batismo, você já faz parte desta Santa Igreja. E também já confirmou o seu compromisso pessoal de assumir o projeto de Jesus quando foi ungido com o santo óleo da Crisma. Agora, Jesus te convida a participar do grande banquete que Ele mesmo prepara para todos nós: a Eucaristia!

Você irá amadurecer na vivência da fé, aprofundar a sua comunhão com Cristo e a participação na vida de sua comunidade. Anote neste livro as suas memórias e tudo aquilo que aprender e vivenciar durante cada encontro de catequese nesta nova etapa. Faça isso com muito amor! Desejamos que você se torne um discípulo-missionário e possa receber a graça de Deus no sacramento da Eucaristia.

Parabéns por perseverar nesta caminhada!
Boa catequese!

## DADOS PESSOAIS

Nome:

Endereço

Rua: Nº:

Bairro:

Telefone:

E-mail:

Nome dos pais ou responsáveis:

Comunidade/Paróquia:

Nome do(as) catequista(s):

# SUMÁRIO

## 2º TEMPO – CATECUMENATO (CONTINUAÇÃO)

**1º Encontro:** Somos um grupo que se fortalece no caminho, **10**

**2º Encontro:** O Reino de Deus está no meio de nós, **14**

**3º Encontro:** Jesus tem compaixão pelos que sofrem, **18**

**4º Encontro:** Nem eu te condeno, **22**

**5º Encontro:** Povo de Deus, povo da Aliança, **26**

**6º Encontro:** O mal nos afasta de Deus, **30**

**7º Encontro:** Vocação e missão de Moisés: libertar o povo de Israel, **35**

**8º Encontro:** Os profetas anunciadores da verdade e da justiça, **39**

**9º Encontro:** A Igreja, corpo de Cristo, **43**

**10º Encontro:** A vida e o testemunho da primeira comunidade-Igreja, **47**

**11º Encontro:** Sacramentos do Serviço: Matrimônio e Ordem, **51**

**12º Encontro:** Sacramento da Cura: Unção dos Enfermos, **55**

**13º Encontro:** A missa, participação no banquete de Deus, sacrifício de Cristo, **59**

**14º Encontro:** A mesa da Palavra, **63**

**15º Encontro:** Maria, a Imaculada Conceição, **67**

## 3º TEMPO – PURIFICAÇÃO E ILUMINAÇÃO – TEMPO QUARESMAL

**16º Encontro:** Quaresma e Campanha da Fraternidade: tempo de fazer escolhas, **72**

**17º Encontro:** Jesus, água viva que sacia nossa sede, **76**

**18º Encontro:** Jesus, luz que ilumina nossa vida, **80**

**19º Encontro:** Jesus é vida que vence a morte, **84**

**20º Encontro:** Eucaristia: vida doada, vida de comunhão com Deus e os irmãos, **88**

**21º Encontro:** Nossa participação na Páscoa de Jesus: a Igreja vive e se alimenta da Eucaristia, **92**

**22º Encontro:** A Eucaristia: ceia do Senhor, **96**

**23º Encontro:** O Espírito Santo continua a vida de Jesus em nós, **101**

## 4º TEMPO – MISTAGOGIA

**24º Encontro:** Iniciados na fé, somos fortes nas adversidades, **106**

**25º Encontro:** Iniciados na fé, somos jovens cristãos, comprometidos com o anúncio do Reino de Deus, **110**

**26º Encontro:** Iniciados na fé cristã, anunciamos Jesus, **114**

**27º Encontro:** Dar da nossa pobreza, **119**

**28º Encontro:** Orientação vocacional e profissional, **124**

**29º Encontro:** Meu projeto de vida, **129**

**30º Encontro:** Iniciados na fé, somos comprometidos com a comunidade-Igreja, **134**

## ANEXOS

**1** Com o(a) santo(a) padroeiro(a), a Deus, louvação, **140**

**2** Ano de experiência pastoral: catecumenato eucarístico, **144**

**3** Principais orações do cristão, **146**

**4** O que é importante você conhecer, **150**

# 2º TEMPO

## *CATECUMENATO (CONTINUAÇÃO)*

## 1º ENCONTRO

# SOMOS UM GRUPO QUE SE FORTALECE NO CAMINHO

**SE LIGA**

HÁ UMA EXPRESSÃO que diz: "o caminho se faz caminhando". Quem não caminha, não avança na vida, não chega a lugar nenhum.

Quando caminhamos juntos, ganhamos mais força, ânimo e descobrimos coisas novas que nos enriquecem e desafiam. No itinerário que já fizemos até agora, fortalecemos nossos laços de unidade, fraternidade e buscamos conhecer mais Jesus e sua Palavra. O caminho da vida cristã não tem um ponto final, mas nos convida a perseverar e a avançar cada vez mais profundamente animados e esperançosos. Nesta última etapa sistemática do processo de Iniciação à Vida Cristã, seremos fortalecidos com a Eucaristia – dom de Deus para nós –, fonte de unidade e amor que nos alimenta para podermos avançar sempre mais e mais profundamente nos mistérios de Deus.

## 1. OLHANDO PARA A VIDA

Converse com o grupo sobre o que mais marcou sua caminhada na iniciação cristã até agora.

✓ O que te faz continuar nessa caminhada? Por quê?

## 2. ORAÇÃO INICIAL

- ✓ Acompanhe a orientação do catequista e faça um instante de silêncio, observe os símbolos presentes no espaço da sala e faça, com o grupo, o sinal da cruz.
- ✓ Reze com o grupo a oração do Pai-nosso.

## 3. ESCUTANDO A PALAVRA

- ✓ Acompanhe com atenção a proclamação do Evangelho segundo São Lucas 5,1-11.
- ✓ Leia novamente o texto, conforme a orientação do catequista.

**PENSE E ANOTE:**

a) Quem são os personagens desse texto?
b) Onde ocorre a cena descrita no texto?
c) Quais são as palavras-chave e as ações que você identifica nesse texto?

_____
_____
_____
_____
_____
_____
_____
_____

## 4. MEDITANDO A PALAVRA

O Evangelho nos convida a conhecer melhor a pessoa de Jesus, ouvindo sua palavra e deixando que ela nos motive a questionar a nossa vida cristã, as nossas atitudes, muitas vezes, exclusivas e individualistas.

- ✓ O que aprendemos hoje da Palavra de Deus?
- ✓ Que apelos ela nos faz?
- ✓ Quais são os nossos cansaços?
- ✓ O que entendemos com a expressão: "avancem para águas mais profundas"? Ela tem alguma relação com o caminho que estamos fazendo?
- ✓ Converse e partilhe com o grupo a reflexão sobre as perguntas propostas.

● Faça suas anotações.

## 5. REZANDO COM A PALAVRA

✓ Após ter escutado e meditado a Palavra de Deus, prepare-se para fazer sua oração a Deus. Para isso, faça o que é solicitado:
- O que este encontro e a Palavra de Deus te fazem rezar?
- Peça ao Senhor, juntamente ao seu grupo, a força e a coragem dos Apóstolos em seguir Jesus.

✓ Escreva suas preces, súplicas ou pedidos de perdão. Antes, reflita sobre as atitudes dos Apóstolos, que se dedicaram a viver e anunciar os ensinamentos de Jesus.

## 6. VIVENDO A PALAVRA

No Evangelho que ouvimos, Jesus diz aos discípulos que eles serão pescadores de pessoas.

✓ Converse com o grupo sobre:
- Como você e seus amigos de catequese podem ser pescadores de pessoas?
- O que podem realizar concretamente para ir ao encontro de pessoas, amigos que não participam da catequese, da vida da comunidade? Façam o convite para que venham participar.

**LEMBRETE**

**ANOTAÇÕES PESSOAIS**

### 2º ENCONTRO

# O REINO DE DEUS ESTÁ NO MEIO DE NÓS

> **SE LIGA**
>
> JESUS ENVIOU EM MISSÃO e, dois a dois, os discípulos que assumiram o seu apostolado acolheram o seu chamado.

A missão dos discípulos e da comunidade é dar prosseguimento à prática de Jesus em favor de quem é marginalizado pela sociedade, tais como: pessoas enfermas, leprosas, possessas. Enfim, pessoas que sofriam qualquer tipo de exclusão.

## 1. OLHANDO PARA A VIDA

Conforme a orientação do catequista, converse com seu grupo:
- ✓ Como foi a semana?
- ✓ Como foi vivido o compromisso assumido no encontro anterior?

## 2. ORAÇÃO INICIAL

- ✓ Em espírito de oração, faça o sinal da cruz e reze com o grupo:

*Pai, fazei de mim um instrumento de gratuidade para a construção do seu Reino. Por onde eu passar, que eu seja instrumento de vossa paz. Paz que se constrói no coração e na comunicação dos bens divinos a cada pessoa humana.*

## 3. ESCUTANDO A PALAVRA

- ✓ Faça silêncio, preparando-se para ouvir a Palavra que será proclamada.
- ✓ Em pé, numa atitude de escuta, acompanhe atentamente a proclamação do Evangelho segundo São Mateus 10,5-15.
- ✓ Em silêncio, leia mais uma vez o texto do Evangelho.

**PENSE E ANOTE:**

- a) Quais são os personagens que aparecem na Palavra que foi proclamada?
- b) Que orientações os discípulos receberam para a missão?
- c) Quais palavras ou frases do texto mais chamaram a sua atenção?

_____
_____
_____
_____
_____
_____
_____
_____
_____
_____
_____
_____

## 4. MEDITANDO A PALAVRA

Dialogue como os colegas, orientados pelas perguntas, e anote o que achar importante para sua vida.

- ✓ O que a Palavra diz para você?
- ✓ Qual é o ensinamento que o texto oferece para a sua vida?
- ✓ O que os discípulos deveriam anunciar?
- ✓ Em que consiste o Reino que deve ser anunciado?
- ✓ Qual a saudação que Jesus pede para os discípulos fazerem quando entrarem numa casa? O que ela significa?
- ✓ Segundo Jesus, o que os discípulos não devem levar para a missão? Por quê?

● Faça suas anotações.

## 5. REZANDO COM A PALAVRA

✓ No silêncio do seu coração, faça sua prece, procurando responder: o que a Palavra de hoje faz você dizer a Deus? Que oração brota de dentro de você para Deus?
✓ Escreva sua oração e depois partilhe com o grupo.

Reze com o grupo a oração do Pai-nosso.

## 6. VIVENDO A PALAVRA

- ✓ O que podemos fazer, como grupo, para anunciar o Reino de Deus?
- ✓ Escreva seu compromisso com base no que refletiu neste encontro.

**LEMBRETE**

**ANOTAÇÕES PESSOAIS**

## 3º ENCONTRO

# JESUS TEM COMPAIXÃO PELOS QUE SOFREM

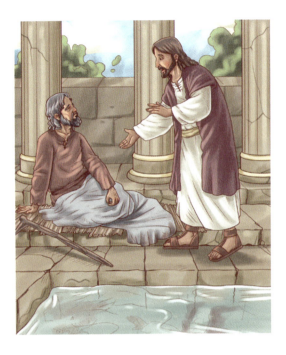

 **SE LIGA**

**JESUS AGE EM FAVOR DAS PESSOAS,** movido por compaixão.

São muito evidentes e marcantes as atitudes humanas de Jesus, que está sempre atento, escuta e responde a quem pede socorro. Jesus tem compaixão dos que sofrem: dos doentes e excluídos, dos menos favorecidos. É importante perceber os gestos humanos que Jesus nos ensina e nos convida a realizar.

## 1. OLHANDO PARA A VIDA

Converse com seus colegas sobre a última semana, como estão as suas famílias. Partilhe também, com o grupo, como foi vivido o compromisso do encontro anterior.

## 2. ORAÇÃO INICIAL

✓ Na certeza da presença de Deus no meio de nós, faça o sinal da cruz e reze com o seu grupo.

*Deus Pai de riquíssima misericórdia, que cuidas de cada um de nós e de nossas necessidades, ajuda-nos a acolher a tua Palavra para caminhar e estender a mão aos que estiverem sozinhos e caídos no caminho. Por nosso Senhor, Jesus Cristo, amoroso e compassivo. Amém.*

18

## 3. ESCUTANDO A PALAVRA

✓ Proclamação do Evangelho segundo São João 5,1-15.
✓ Após a proclamação, leia o texto bíblico, individualmente e em silêncio.

**PENSE E ANOTE:**

a) Quais personagens aparecem no texto? Onde estão?
b) Qual é a iniciativa de Jesus?
c) Qual a atitude e a reação do paralítico, antes de ser curado?
d) Qual a advertência que Jesus faz ao paralítico ao reencontrá-lo no Templo?

## 4. MEDITANDO A PALAVRA

Com a orientação do catequista, leia com seu grupo o texto e reflitam sobre as questões apresentadas.

> É importante saber que "a saúde é direito de todos e dever do Estado, garantido mediante políticas sociais e econômicas que visem à redução do risco de doença e de outros agravos e ao acesso universal e igualitário às ações e serviços para sua promoção, proteção e recuperação" (Constituição Federal, art.196).

✓ Todos tem acesso à saúde, conforme descreve o Artigo 196 da Constituição Federal?
✓ Como são tratados os deficientes físicos em nossa sociedade?
✓ Na escola ou no clube que você frequenta, há deficientes físicos?

- ✓ Há acessibilidade arquitetônica para eles (rampas, banheiros adaptados, piso tátil), em todos os espaços e ambientes?
- ✓ Olhe ao redor da nossa paróquia, da comunidade, e procure identificar como está a acessibilidade.
- ✓ Você se considera atento e sensível às necessidades dos outros? Por quê?

● Faça suas anotações.

## 5. REZANDO COM A PALAVRA

- ✓ Em atitude de oração e diálogo com Deus faça sua prece pessoal, eleve sua súplica, converse com Deus.

✓ Com seu grupo, façam preces e orações espontâneas, pedindo ao Senhor que nos cure de todo sofrimento e nos livre – a nós e a todos os irmãos e irmãs – do mal. A cada prece, repitam: *Ouvi-nos, Senhor.*

> Acompanhe a orientação do catequista, concluindo a oração.

## 6. VIVENDO A PALAVRA

✓ Como compromisso nesta semana, observe e tente descobrir se há na família ou na comunidade alguém doente que esteja precisando de algum tipo de ajuda. Escolha um dia da semana para visitar essa pessoa e levar uma mensagem de alegria, de coragem e de esperança.

✓ Em nossa oração, nesta semana, lembremos dos nossos governantes, pedindo a Deus que sempre sejam justos e empenhados com relação à saúde da população. Zelemos e cuidemos para que todos tenham seu direito preservado.

**LEMBRETE**

**ANOTAÇÕES PESSOAIS**

## 4º ENCONTRO

# NEM EU TE CONDENO

 **SE LIGA**

A MISSÃO DE JESUS é o amor, e não a condenação.

Deus, em sua infinita misericórdia e em seu amor, enviou seu Filho, Jesus, para nos conceder o perdão e nos colocar novamente no seu caminho. E ainda que sejamos pecadores, Ele espera que em nossas atitudes sejamos semelhantes a Cristo. Jesus condenava o pecado, mas amava e acolhia o pecador.

O perdão e a reconciliação expressam o amor e a misericórdia de Deus pela humanidade. Não estamos livres de cometer erros, por isso não podemos julgar e condenar. Isso exige de nós um exercício diário. Uma pedra na mão significa carregá-la também no coração e, a qualquer momento, podemos atirá-la, machucando alguém ou a nós mesmos. Sentimos que a pedra incomoda, mas, por dificuldade de perdoar, preferimos o incômodo ao invés de nos libertarmos.

## 1. OLHANDO PARA A VIDA

Converse com o grupo sobre a semana que passou: o que aconteceu que o deixou contente, o que não foi bom? Por quê?

## 2. ORAÇÃO INICIAL

✓ Trace o sinal da cruz e, com o grupo, reze:

> *Senhor Deus de bondade e de misericórdia, que acolheis e perdoais nossos pecados, devolvendo-nos a vida, dai-nos sabedoria para acolher a vossa Palavra e aprender a olhar o próximo sem julgamento e condenação. Por nosso Senhor, Jesus Cristo, Salvador do mundo. Amém.*
> *Glória ao Pai, ao Filho e ao Espírito Santo...*

## 3. ESCUTANDO A PALAVRA

✓ Seguindo a motivação do catequista, faça silêncio, preparando-se para escutar a Palavra de Deus.
✓ Proclamação do Evangelho segundo São João 8,3-11.
✓ Depois da proclamação do Evangelho, leia o texto bíblico, em silêncio.

### PENSE E ANOTE:

✓ Converse com o grupo de colegas sobre as questões e anote o resultado da reflexão e o que julgar mais importante.

- **a** O que lemos? O que nos diz esse texto?
- **b** O que os acusadores queriam fazer com a mulher? O que Jesus lhes disse?
- **c** Por que os acusadores foram embora?
- **d** Conversem sobre como foi o diálogo entre Jesus e a mulher.

---------------------------------------------------
---------------------------------------------------
---------------------------------------------------
---------------------------------------------------
---------------------------------------------------
---------------------------------------------------
---------------------------------------------------

## 4. MEDITANDO A PALAVRA

Leia as questões e anote quais seriam as suas respostas, tendo como inspiração a Palavra de Deus proclamada neste encontro.
- ✓ O que a Palavra deste encontro diz para você? E para o seu grupo?
- ✓ Como você pensa e reage diante do erro de outra pessoa? E diante dos seus erros?
- ✓ Você tem dificuldade para perdoar? Tem dificuldade para confessar suas faltas?
- ✓ Julga com facilidade os outros? Condena seus gestos e atitudes?

Partilhe suas anotações com os colegas e conversem sobre:
- ✓ Há semelhanças entre as suas respostas e o que é mencionado no texto bíblico refletido?
- ✓ É fácil ou difícil seguir o ensinamento proposto no Evangelho?
- ✓ Que mudanças são necessárias para saber perdoar, como Jesus nos propõe?

● Faça suas anotações.

## 5. REZANDO COM A PALAVRA

- ✓ Com o coração voltado para Deus, dialogue sobre: o que você quer dizer a Ele? Que oração brota do seu coração para o coração de Deus?
- ✓ Em silêncio, faça sua oração e a escreva, para depois partilhar com o grupo.

---

> Siga a orientação do catequista para completar sua oração.
> Com o coração confiante, reze com o grupo a oração do Pai-nosso.

## 6. VIVENDO A PALAVRA

- ✓ A Palavra de Deus gera compromisso de vida. Converse com o grupo sobre: como você irá viver a Palavra proclamada neste encontro, ao longo da semana?

**Uma dica:** procure fazer, durante a semana, seu gesto de perdão, caso tenha ofendido alguém ou se está de mal com alguém. Procure a reconciliação, tanto perdoando quanto pedindo perdão.

**LEMBRETE**

# POVO DE DEUS, POVO DA ALIANÇA

> **SE LIGA**
>
> **DEUS AMA SEU POVO**, que Ele escolheu, faz Aliança com ele e manifesta sempre sua vontade.

Fazer uma Aliança com Deus é ser escolhido para uma missão: manter viva a memória do Deus que nos ama. Nessa Aliança, Deus se compromete a proteger, a estar presente e a caminhar junto ao seu povo e, por sua vez, o povo assume o compromisso de caminhar com seu Deus, sendo fiel e seguindo as suas normas. Portanto, é um pacto de ambos os lados, do povo e de Deus. Pode-se resumir o significado dessa Aliança numa frase bíblica: "E eles, então, serão o meu povo, e eu serei o seu Deus" (Jr 32,38; Ez 11,20; 14,11; Zc 8,8).

## 1. OLHANDO PARA A VIDA

Partilhe com o grupo como foi a última semana:
- ✓ Houve algum fato ou acontecimento importante? E como foi a experiência do compromisso assumido no encontro anterior?

## 2. ORAÇÃO INICIAL

✓ Em atitude de oração, faça o sinal da cruz e reze com o grupo:

> *Senhor Deus, Pai misericordioso, cheio de amor para com todos, ajudai-nos a sermos fiéis à vossa Aliança, assim como foram nossos primeiros pais na fé: Abraão, Isaac e Jacó.*
>
> *Glória ao Pai, ao Filho e ao Espírito Santo...*

## 3. ESCUTANDO A PALAVRA

✓ Procure se colocar em uma atitude de escuta e oração para melhor ouvir a proclamação do texto bíblico de Gn 17,1-8.
✓ Em silêncio, leia o texto bíblico.

**PENSE E ANOTE:**

a) Em grupo, retomem o texto, contando o relato e identificando as situações narradas.
b) Quais são os personagens do texto?
c) Qual o versículo que mais chamou a sua atenção?

_____
_____
_____
_____
_____
_____
_____
_____

## 4. MEDITANDO A PALAVRA

Ajudado pelo catequista e pelas perguntas, converse com seu grupo para compreender melhor a Palavra de Deus. Anote o que achar importante para sua vida.

✓ Qual o ensinamento que a Palavra de Deus hoje te dá?
✓ Qual é a Aliança que Deus fez com Abraão?
✓ Qual o ensinamento que você pode tirar do texto lido?
✓ Quais atitudes precisamos ter quando Deus faz uma Aliança conosco?

- Faça suas anotações.

## 5. REZANDO COM A PALAVRA

- ✓ No silêncio do seu coração, busque sentir o que a Palavra que hoje foi proclamada leva você a dizer a Deus.
- ✓ Escreva e partilhe com o grupo sua oração, espontaneamente.

- ✓ A cada prece, digam: *Ouve nossa prece, Deus de amor.*

> Procure na sua Bíblia o Salmo 111 (110) e reze com o grupo, agradecendo a Aliança que Deus fez conosco e com toda a humanidade. Ele nos coloca no caminho da justiça e da libertação.
> Iluminados pela luz de Deus, para sermos fiéis ao pacto de Aliança que Ele fez conosco, rezem o texto de Dt 4,31.

## 6. VIVENDO A PALAVRA

✓ Como compromisso deste encontro, partilhe em família o que você aprendeu sobre Aliança. Anote alguns pontos importantes da conversa para partilhar com o seu grupo no próximo encontro.

**LEMBRETE**

**ANOTAÇÕES PESSOAIS**

## 6º ENCONTRO

# O MAL NOS AFASTA DE DEUS

 **SE LIGA**

TODO AQUELE QUE É FIEL A DEUS procura conhecer e viver seu projeto.

O ser humano foi chamado por Deus para participar de seu projeto. Para isso, precisa seguir suas orientações de ficar longe de situações que causam o mal a si e a seu próximo. Mas nem sempre o ser humano foi fiel a essa orientação, abrindo lugar em sua vida para que o mal e a violência se alojassem provocando situações de morte, tornando o homem inimigo do homem. Isso fez e em nossos dias faz com que se afaste do projeto de Deus.

Por que isso acontece, se a vida de cada pessoa pertence a Deus, que é Senhor da vida e não se alegra com a violência entre irmãos? Porque o ser humano é frágil e capaz de praticar o mal. No entanto também é capaz de recusar, impedindo que o mal e a violência façam parte de seu modo de pensar e agir. Ao se afastar livremente do mal e da violência, aproxima-se e mantém-se fiel à proposta do seu Criador.

## 1. OLHANDO PARA A VIDA

Motivado pelo catequista, converse com o grupo sobre como foi sua semana e como conseguiu vivenciar o compromisso assumido para a semana que passou.

## 2. ORAÇÃO INICIAL

- ✓ Acompanhe a orientação do catequista e, em espírito de oração, faça o sinal da cruz.
- ✓ Em silêncio, busque acolher o Espírito de Deus, a fim de realizar um bom encontro. Com seu grupo, diga: *Glória ao Pai e ao Filho e ao Espírito Santo...*

## 3. ESCUTANDO A PALAVRA

- ✓ Em pé e em silêncio, prepare-se para acompanhar atentamente a proclamação do texto bíblico de Gn 4,1-16.

**PENSE E ANOTE:**

a) Quais eram os nomes dos dois filhos de Eva?
b) Qual era a atividade de cada um deles?
c) Por que Caim matou Abel?

_____
_____
_____
_____
_____
_____

## 4. MEDITANDO A PALAVRA

Este é um momento para conversar e partilhar junto ao grupo, buscando entender a Palavra de Deus e qual ensinamento traz para sua vida e de seu grupo. Converse e escreva sua reflexão:

- ✓ O que a Palavra diz para você hoje?
- ✓ Qual é a proposta que Deus te faz sobre a prática do bem?
- ✓ Como o mal se manifesta no mundo? Quais são as suas consequências?
- ✓ Por que Deus se agradou mais da oferta de Abel?
- ✓ O que mais mata as pessoas, hoje, no mundo? Por quê?
- ✓ O que você percebe sobre a violência nas ruas, nas famílias e no mundo?
- ✓ Como os cristãos reagem diante dessas situações de morte? E como você reage?

● Faça suas anotações.

## 5. REZANDO COM A PALAVRA

✓ Momento de rezar a partir da Palavra que ouviu e meditou. Faça sua oração a Deus e escreva-a, para depois partilhar com o grupo. Aproveite as questões para ajudá-lo a fazer sua oração.
- O que a Palavra de Deus faz você rezar hoje?
- Qual prece irá dirigir a Deus, que quer a vida para todos?
- Pense em sua vida. O que você deve mudar para fazer melhor o bem?
- Faça preces, louve a Deus, peça perdão...

Reze a oração do Senhor: *Pai-nosso...*

✓ Com seu grupo, reze esta oração, pedindo ao Senhor que os mantenha unidos e fraternos, como membros de uma mesma comunidade de fé.

> *Senhor Jesus, vós nos ensinais a sermos unidos, compassivos, fraternos, misericordiosos e humildes. Dissestes: não deveis pagar o mal com o mal, nem ofensa com ofensa. Por isso, vos pedimos essa graça para a nossa vida, para a comunidade e para a nossa sociedade. Ajudai-nos a sermos bons com todos, a sermos bênção para os outros. Sede nossa força e iluminai-nos para que possamos amar a vida e viver dias felizes, afastando-nos do mal e fazendo o bem. Amém.*

## 6. VIVENDO A PALAVRA

✓ Leia o texto de Gn 4,1-16 junto à sua família e conversem sobre os tipos de morte que existem na sociedade de hoje.
✓ Anote o que julgar importante para partilhar com o grupo no próximo encontro de catequese.
✓ Acompanhe a orientação do catequista para o gesto concreto e o compromisso da semana:
- Participe com o grupo da visita a um lixão da realidade em que vivem, observando o que é colocado lá, quem são as pessoas que lá estão e o que fazem.
- Após a visita, reflita: as situações observadas podem matar? Por quê?

**LEMBRETE**

## ANOTAÇÕES PESSOAIS

**7º ENCONTRO**

# VOCAÇÃO E MISSÃO DE MOISÉS: LIBERTAR O POVO DE ISRAEL

## SE LIGA

DEUS CHAMA, Ele sempre tem a iniciativa e nos propõe uma missão.

Moisés foi chamado por Deus para libertar o povo que vivia na escravidão, no Egito. Desempenhou a função de mediador e portador da Palavra e da ordem divina e conduziu os israelitas à liberdade, até a entrada da terra prometida. Ele não só ensinou o povo a viver na obediência e na confiança a Deus, durante a longa caminhada no deserto, como também o ajudou a conhecer de maneira mais íntima e amorosa o Deus que o libertou. O texto bíblico mostra algo fundamental: é Deus que nos chama, é sempre d'Ele a iniciativa. É Ele que nos escolhe e nos quer como colaboradores em seus planos. O chamado de Moisés ficará marcado na tradição espiritual judaico-cristã, pois, se o Deus de Abraão, de Isaac e de Jacó chama seu servo Moisés, é porque Ele quer a vida de todas as pessoas. Deus se revela para salvar a humanidade, mas não sozinho, chama Moisés para enviá-lo e associá-lo ao seu projeto de salvação (cf. CIgC, n. 2575).

## 1. OLHANDO PARA A VIDA

A partir da motivação do catequista, converse com o grupo sobre o compromisso do encontro anterior, partilhando as anotações que fizeram.

## 2. ORAÇÃO INICIAL

✓ Em atitude de oração e na certeza de que a Trindade habita em nós, faça o sinal da cruz, dizendo: *Em nome do Pai e do Filho e do Espírito Santo. Amém!*

✓ Reze junto ao seu grupo:

*Senhor Deus, abre nossa mente e nosso coração para que, como Moisés, possamos ouvir a tua Palavra e teu chamado e estar sempre prontos para assumir a nossa missão.*

## 3. ESCUTANDO A PALAVRA

✓ Deus sempre fala conosco, por isso, faça um instante de silêncio e prepare-se para acolher a sua Palavra, o que ele tem a te dizer.

✓ Proclamação do texto bíblico de Ex 3,1-8. 13-15.

✓ Cada um, em silêncio, deve ler e reler o texto.

**PENSE E ANOTE:**

**a)** Onde Moisés estava e o que ele fazia quando Deus o chamou?

**b)** Quem apareceu para Moisés numa chama de fogo? Ele chama Moisés para quê?

---
---
---
---
---
---

## 4. MEDITANDO A PALAVRA

Converse com o grupo, a partir das perguntas:
- ✓ O que a Palavra diz para você hoje?
- ✓ Como aconteceu o encontro de Deus com Moisés?
- ✓ O que significa tirar as sandálias, nos tempos de hoje?
- ✓ Deus vem ao nosso encontro também hoje? Por quê? Como?
- ✓ Como podemos escutar a voz de Deus?
- ✓ O que Deus pede, hoje, para os cristãos?

● Faça suas anotações.

## 5. REZANDO COM A PALAVRA

✓ Depois de ter ouvido e meditado a Palavra de Deus, faça silêncio e fale com Ele, que está pronto para te ouvir. Faça sua oração, seu pedido ou sua súplica. Escute também o que Ele fala: o que deseja que você faça?
✓ Escreva a sua prece e partilhe com seu grupo.

✓ Após cada um partilhar, assim como Moisés, respondam: *Senhor, eis-me aqui!*
✓ Depois que todos partilharem sua oração, digam todos juntos:

> "O Senhor nos abençoe e nos guarde. Mostre-nos a sua face e tenha misericórdia de nós. Volte para nós o seu olhar e nos dê a paz" (Nm 6, 24-26).

## 6. VIVENDO A PALAVRA

✓ Após este encontro, a Palavra de Deus nos pede um compromisso, uma missão, como pediu a Moisés. Nosso gesto concreto nesta semana será: ajudar uma pessoa ou uma família naquilo que mais precisar.

✓ No próximo encontro, partilhe com o grupo o que você sentiu ao ajudar alguém.

**LEMBRETE**

**ANOTAÇÕES PESSOAIS**

### 8º ENCONTRO

# OS PROFETAS ANUNCIADORES DA VERDADE E DA JUSTIÇA

**⏻ SE LIGA**

O PROFETA É CHAMADO do meio do povo por Deus, com a missão de falar em seu nome e levar sua mensagem a todas as pessoas!

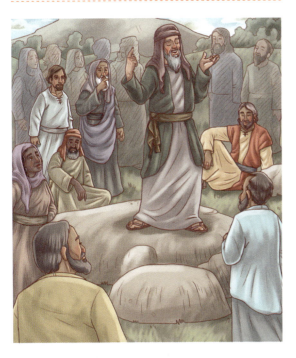

Os profetas são verdadeiros porta-vozes de Deus, homens e mulheres que conhecem a situação do seu país e também o projeto do Senhor. Na Bíblia, os profetas eram pessoas chamadas para comunicar a Palavra de Deus, falando em seu nome: era Deus que falava pela boca dos profetas. Em nome de Deus, os profetas defendiam o povo esquecido, injustiçado e empobrecido e criticavam os poderosos que enganavam e prejudicavam a vida do povo. Isaías é considerado o maior dos profetas de Israel. Sua vocação surgiu a partir de uma visão, que nele despertou a consciência da santidade de Deus, do pecado do povo e da necessidade da conversão.

### 1. OLHANDO PARA A VIDA

Compartilhe com o grupo como passou a semana e como foi a experiência de viver o compromisso do encontro anterior.

### 2. ORAÇÃO INICIAL

✓ Faça o sinal da cruz e, em silêncio, peça a Jesus para crescer na amizade com Ele e com seus colegas de catequese.

✓ Reze com o grupo:

*Senhor, Deus da verdade e da esperança, dai-nos a coragem dos profetas para anunciar a vossa palavra neste mundo tão necessitado de amor e de esperança. Ajudai-nos, também, a denunciar as injustiças, o mal e tudo o que prejudica a vida das pessoas e que não for conforme a vossa vontade. Isso nós vos pedimos, por Cristo, Senhor nosso. Amém!*

## 3. ESCUTANDO A PALAVRA

✓ Em uma atitude de respeito e acolhida, acompanhe a proclamação do texto bíblico de Is 6,1-8.
✓ Cada um, em silêncio, deve ler e reler o texto.

**PENSE E ANOTE:**

a) As palavras, os verbos e as expressões do texto.
b) Recorde o que foi lido e ajude o grupo a contar o fato.
c) Quem está envolvido na cena? Onde acontece?
d) Qual a resposta de Isaías para Deus?

---
---
---
---
---
---
---
---
---
---

## 4. MEDITANDO A PALAVRA

Ajudado pelo catequista e com base nas perguntas, converse com o grupo:
✓ O que a Palavra diz para você hoje?
✓ De acordo com o texto, o que os serafins proclamaram?
✓ O que tocou os lábios de Isaías para purificá-los?

● Faça suas anotações.

## 5. REZANDO COM A PALAVRA

✓ Em silêncio, faça sua oração. Peça a Deus a purificação de seus lábios, para serem portadores da voz de Deus no mundo.
✓ Escreva sua oração, para partilhar com o grupo.

✓ Após cada prece, todos respondem: *Senhor, dá-me a Palavra certa, na hora certa, do jeito certo e para pessoa certa.*

✓ Concluam as preces rezando com o grupo:

*Bendizemos a Deus, que nos chamou para sermos instrumentos do seu Reino de amor e de vida, de justiça e de paz. Dai-nos, Senhor, coragem e ânimo para anunciar com alegria a vossa Palavra. Amém!*

No desejo de fazer sempre a vontade de Deus, reze, com alegria, a oração do Pai-nosso.

## 6. VIVENDO A PALAVRA

✓ A Palavra de Deus sempre compromete, por isso, esta semana, seguindo a orientação do catequista, faça uma pesquisa sobre a vida de um dos profetas do nosso tempo.

✓ Anote tudo o que você descobrir sobre a vida dessa pessoa, para partilhar com o grupo na próxima semana.

**LEMBRETE**

**ANOTAÇÕES PESSOAIS**

## 9º ENCONTRO

# A IGREJA, CORPO DE CRISTO

> **SE LIGA**
>
> **A IGREJA, CORPO VISÍVEL DE CRISTO,** continua e manifesta a salvação na história da pessoa humana.

Paulo, ao comparar a Igreja como o corpo de Cristo, indica um laço de intimidade entre a Igreja e Cristo. A Igreja não é somente congregada em torno d'Ele, é unificada n'Ele, em seu corpo. O Apóstolo afirma que a "unidade do Corpo não acaba com a diversidade dos membros" (CIgC, n. 791), pois todos fomos batizados mediante um só Espírito, formando um só corpo (cf. 1Cor 12,12-13). Na Igreja, portanto, há uma diversidade de tarefas e de funções. Não há plena uniformidade, mas a riqueza dos dons, que distribui o Espírito Santo.

## 1. OLHANDO PARA A VIDA

Converse com os colegas sobre como foi a semana que passou e partilhe a pesquisa sobre a vida do profeta, que seu catequista orientou.
- ✓ Identifique com seu grupo a importância dessas pessoas para suas comunidades e para a sociedade.

## 2. ORAÇÃO INICIAL

- ✓ Em sinal de fé, faça sobre você o sinal da cruz.
- ✓ Reze com o grupo a oração:

✓ Reze com o grupo a oração:

*Senhor, nós te pedimos: ajuda-nos a sermos membros vivos do teu corpo, ligados uns aos outros por uma única força, aquela do amor que o Espírito Santo derrama nos nossos corações (cf. Rm 5,5).*

## 3. ESCUTANDO A PALAVRA

✓ Faça silêncio, aquietando-se e preparando-se para ouvir e acolher a proclamação do texto bíblico de 1Cor 12,27-31.

**PENSE E ANOTE:**

a) Quais palavras ou expressões mais chamaram a sua atenção?
b) Qual versículo mais chamou a sua atenção?
c) Deus dispôs quais funções citadas no texto?
d) O que diz o texto que acabamos de ler?

_____
_____
_____
_____
_____
_____
_____
_____

## 4. MEDITANDO A PALAVRA

Com ajuda do catequista, dialogue com o seu grupo, a partir destas questões, e escreva o que julgar importante para você.

✓ O que a Palavra diz para você hoje?
✓ O que leva alguém a querer fazer parte da Igreja como corpo de Cristo?
✓ Você se sente parte desse corpo? Por quê? De que forma?
✓ Qual é o nome do papa atual?
✓ Como você sente que o papa mantém a Igreja – que somos todos nós – unida a Cristo?

● Faça suas anotações.

## 5. REZANDO COM A PALAVRA

✓ Depois de ter lido e meditado a Palavra, faça a sua oração, em silêncio. Reze pela Igreja, por seus pastores, pelas lideranças leigas, pedindo ao Senhor que se mantenha viva e perseverante na missão.
✓ Escreva sua oração para, em seguida, partilhar com seu grupo.

✓ Após todos do grupo partilharem suas orações, rezem juntos:

*Senhor Deus, que nos reunistes como filhos em vosso Filho unigênito, Jesus Cristo, dai-nos a graça de amar todas as pessoas, reconhecendo que cada uma é Igreja, corpo de Cristo. Amém!*

## 6. VIVENDO A PALAVRA

✓ A Palavra de Deus precisa ser vivida, por isso, como compromisso da semana, leia o texto bíblico com sua família e procurem descobrir quais são os dons que cada um tem e como eles podem ser colocados a serviço da Igreja.

**LEMBRETE**

**ANOTAÇÕES PESSOAIS**

### 10º ENCONTRO

# A VIDA E O TESTEMUNHO DA PRIMEIRA COMUNIDADE-IGREJA

> **SE LIGA**
>
> OS SACRAMENTOS são dons e graça de Deus para o serviço dos irmãos e da comunidade.

Deus quer que todas as pessoas vivam a fraternidade e se reconheçam como membros da grande família humana, na qual cada um é único e tem seu papel próprio em favor do bem comum. A experiência de vida dos primeiros cristãos chamava a atenção das outras pessoas, por seu testemunho de fraternidade, praticado para que ninguém passasse necessidade. Esse jeito de viver deve ser modelo para a nossa vida em família, em comunidade e no mundo.

## 1. OLHANDO PARA A VIDA

Converse com o grupo sobre a semana que passou, partilhando algum fato ou acontecimento importante, e retome o compromisso do encontro anterior.

## 2. ORAÇÃO INICIAL

✓ Em atitude de oração, faça o sinal da cruz e reze com o seu grupo a oração do Pai-nosso.

## 3. ESCUTANDO A PALAVRA

✓ Faça silêncio e prepare-se para escutar e acolher a Palavra que será proclamada.
✓ Proclamação do texto bíblico de At 4,32-37.
✓ Releia o texto, em silêncio.

**PENSE E ANOTE:**

a) O que diz o texto?
b) Algum gesto, ação ou palavra chamou sua a atenção? Escreva-o.

------------------------------------------------
------------------------------------------------
------------------------------------------------
------------------------------------------------
------------------------------------------------
------------------------------------------------
------------------------------------------------

## 4. MEDITANDO A PALAVRA

Com a orientação do catequista, converse com o grupo, a partir das perguntas:
✓ O que a Palavra nos pede hoje?
✓ Conhecemos a nossa comunidade-Igreja? Como está organizada?
✓ Ela assemelha-se ao jeito da comunidade cristã, sobre a qual refletimos hoje?
✓ Quais as dificuldades para vivermos e testemunharmos uma comunidade conforme o desejo de Deus?
✓ Faça um desenho que represente sua comunidade e relacione atitudes de uma comunidade cristã e também atitudes que não condizem com a comunidade cristã.
✓ E hoje, como vivem nossas comunidades?

● Faça suas anotações.

## 5. REZANDO COM A PALAVRA

✓ A Palavra se faz oração. Em silêncio, faça sua oração, procurando expressar o que lemos e meditamos neste encontro. Louve a Deus, peça o que deseja, agradeça ou peça perdão. Depois, partilhe com o grupo sua oração.

✓ Alguém do grupo ergue o pão e todos estendem a mão, rezando juntos:

> *Senhor Jesus, vós que ensinastes a partilhar a vida, os bens e o alimento de modo que ninguém passasse necessidade e todos pudessem ter vida, nós vos pedimos: dai o pão a quem tem fome, e fome de verdade e de justiça a quem tem pão, derramai vossa bênção sobre o pão que partilharemos entre nós e fortalecei-nos na união e na partilha com os que não têm. Isso vos pedimos, a vós, que sois Deus com o Pai, na unidade do Espírito Santo. Amém!*

Concluam este momento rezando com o grupo a oração do Pai-nosso.

## 6. VIVENDO A PALAVRA

- ✓ Como compromisso da semana, leia em casa o texto bíblico deste encontro e converse com a sua família sobre o que você entendeu. Depois, converse sobre como você e sua família podem participar mais da vida da comunidade.
- ✓ Com seus familiares, analise o que há em casa que pode ser doado a pessoas necessitadas de sua comunidade e prepare a doação.

**LEMBRETE**

- ✓ Leve para o próximo encontro o que, com seus familiares, você separou para ser doado a necessitados da comunidade.

**ANOTAÇÕES PESSOAIS**

### 11º ENCONTRO

# SACRAMENTOS DO SERVIÇO: MATRIMÔNIO E ORDEM

**SE LIGA**

**OS SACRAMENTOS** são dons e graça de Deus para o serviço dos irmãos e da comunidade.

Em nosso caminho de Iniciação à Vida Cristã, já refletimos e aprendemos que os sacramentos são sinais sensíveis da graça de Deus, além de compreendemos melhor os sacramentos do Batismo, da Crisma e da Reconciliação. Hoje vamos conhecer o sentido dos Sacramentos da Ordem e do Matrimônio. Eles são também conhecidos e compreendidos como os Sacramentos do Serviço e a Comunhão, pois dão a graça para a pessoa desenvolver sua vocação na sociedade, servindo aos irmãos e irmãs. O Matrimônio e a Ordem são sacramentos por meio dos quais Jesus Cristo, pelo seu Espírito, atinge, ilumina e anima a comunidade eclesial.

## 1. OLHANDO PARA A VIDA

Na alegria deste encontro, partilhe com o grupo algum fato importante que aconteceu na semana, alguma situação que mereça ser destacada.

Conte para o seu grupo como foi a conversa com a família sobre a Palavra de Deus do encontro anterior e, também, sobre como foi a experiência de separar com os familiares algo para doação.

- ✓ Nesse processo de selecionar o que doar, você conseguiu identificar alguma necessidade da sua comunidade?

Este encontro terá como tema dois sacramentos: Matrimônio e Ordem. Vamos conhecê-los melhor na vida das pessoas.

## 2. ORAÇÃO INICIAL

- ✓ Com fé e amor no coração, faça o sinal da cruz: *Em nome do Pai e do Filho e do Espírito Santo.*
- ✓ Olhe para o cenário e os símbolos, em silêncio. Cada um faz uma oração pessoal, dispondo sua mente e seu coração para bem realizar o encontro.

## 3. ESCUTANDO A PALAVRA

- ✓ Peça ao Senhor que abra sua mente e seu coração para escutar a Palavra.
- ✓ Proclamação dos textos bíblicos de Gn 2,24 e 1Cor 7,32.
- ✓ Releia o texto bíblico.

**PENSE E ANOTE:**

**a)** Retome o texto bíblico para lembrar o que leu e escreva o que chamou a sua atenção.

_____
_____
_____
_____
_____
_____

## 4. MEDITANDO A PALAVRA

- ✓ O que esperam os jovens, homens e mulheres, ao celebrar o matrimônio?
- ✓ Quem celebra o matrimônio? Por quê?
- ✓ O que é preciso fazer para que o matrimônio seja bem vivido?
- ✓ O que esperam aqueles que optam pelo Sacramento da Ordem?
- ✓ O que você sabe sobre o(s) padre(s) de sua paróquia: nome(s) e o que faz(em)? Comente.

✓ Com o grupo, produza um cartaz com imagens de celebrações dos sacramentos do Matrimônio e da Ordem, contemplando as ordenações diaconal, presbiteral e episcopal. Nesse cartaz, escrevam frases que resumem o que foi aprendido sobre esses sacramentos e sobre a sua importância na vida das pessoas e/ou das comunidades.

● Faça suas anotações.

## 5. REZANDO COM A PALAVRA

✓ Faça um momento de reflexão, respondendo o que a Palavra de Deus proclamada no encontro motiva você a rezar. Anote sua oração.

✓ Faça preces espontâneas, pedindo pelo pároco de sua comunidade e pelos casais, pela família. Após cada prece, digam, todos juntos: *Senhor, confirmai-nos no amor e no serviço.*

## 6. VIVENDO A PALAVRA

✓ Como compromisso para a semana, releia os textos bíblicos do encontro e comente com seus pais. Pergunte a eles quais são as alegrias e as preocupações que vivem no matrimônio.

✓ Faça uma visita ao padre de sua paróquia, converse com ele sobre sua experiência e peça uma bênção.

**LEMBRETE**

**ANOTAÇÕES PESSOAIS**

### 12º ENCONTRO

# SACRAMENTO DA CURA: UNÇÃO DOS ENFERMOS

> **SE LIGA**
>
> A UNÇÃO DOS ENFERMOS é o sacramento da esperança, quer ajudar o doente a enfrentar a doença e a se entregar, confiante, nas mãos de Deus.

O Sacramento da Unção dos Enfermos está relacionado a uma das experiências humanas mais sentidas: a fragilidade do ser humano. Toda enfermidade está relacionada à condição mortal dos seres humanos. A Unção dos Enfermos é o sacramento da graça de Deus na vida de quem está enfraquecido ou doente e é, também, sacramento da esperança, ajudando a pessoa a enfrentar a doença e a entregar sua vida, confiante, nas mãos de Deus.

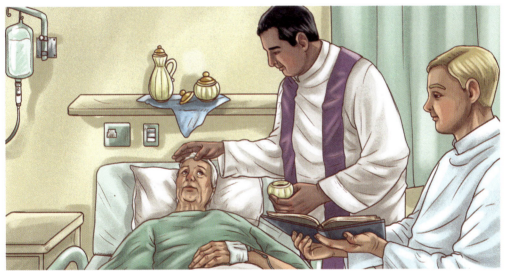

O Catecismo da Igreja Católica (n. 1514 - 1517), com relação a esse sacramento, orienta:
- ✓ Quem estiver em perigo de morte por motivo de doença, debilitação física ou velhice a recebê-lo.
- ✓ Os doentes a se prepararem para recebê-lo, contando com a ajuda do sacerdote e da comunidade.
- ✓ A comunidade a atender aos doentes com suas orações, seus cuidados e atenções fraternas.

- ✓ A Unção dos Enfermos é uma celebração litúrgica e comunitária, que pode ser realizada onde estiver o enfermo: na sua casa, no hospital ou na Igreja. Pode ser realizada para um só enfermo ou para todo um grupo de enfermos.
- ✓ Os ministros desse sacramento são os sacerdotes e bispos, por isso é dever deles e da comunidade instruir as pessoas sobre a importância desse sacramento.

## 1. OLHANDO PARA A VIDA

Na alegria de se reunir com os colegas da catequese, partilhe como viveu o compromisso do encontro anterior.

- ✓ Orientado pelo catequista, converse sobre o tema deste encontro.
- ✓ Você já ouviu falar sobre a Unção dos Enfermos? Comente o que sabe sobre esse sacramento.

## 2. ORAÇÃO INICIAL

- ✓ Na certeza da presença de Deus e da sua graça, faça o sinal da cruz: *Em nome do Pai e do Filho e do Espírito Santo.*
- ✓ Reze com o grupo a oração da Ave-Maria, pedindo a sua intercessão pela saúde de todos.

## 3. ESCUTANDO A PALAVRA

- ✓ Prepare seu coração e sua mente para escutar e acolher a Palavra de Deus.
- ✓ Proclamação do texto bíblico de Tg 5,13-18.
- ✓ Releia o texto, individualmente e em silêncio.

**PENSE E ANOTE:**

a) O que diz o texto?
b) Quais são os verbos e as expressões mais fortes do texto?
c) Quais são as palavras mais importantes e os verbos que indicam ações concretas.

## 4. MEDITANDO A PALAVRA

Após ter compreendido melhor a Palavra de Deus, sob a orientação do catequista, converse e reflita com o grupo a partir das questões:

- ✓ O que o texto do Apóstolo Tiago diz para nós hoje? Qual o ensinamento que nos dá?
- ✓ Como lidamos com a realidade da dor, da doença, da fragilidade humana, na família e na comunidade?
- ✓ De acordo com o texto, quem pode ministrar o Sacramento da Unção dos Enfermos?
- ✓ Você sabe como está organizada a Pastoral da Saúde em nossa comunidade, em nossa paróquia?

● Faça suas anotações.

## 5. REZANDO COM A PALAVRA

- ✓ Faça sua oração a Deus, pedindo por você, por sua família, pelas pessoas que sofrem. O que você quer dizer a Deus? Escreva sua oração.

✓ Com o grupo, faça preces espontâneas de súplicas a Deus, pedindo pela saúde e pela vida das pessoas de sua família, da comunidade e do mundo. A cada prece, todos dizem: *Senhor, conceda-lhes o dom da saúde e a vida plena.*

*Reze a oração do Pai-nosso, lembrando-se de todos os doentes da alma e do corpo.*

## 6. VIVENDO A PALAVRA

✓ Como compromisso da semana, converse em casa, na família, e pergunte a seus pais e avós se já receberam ou presenciaram alguém que recebeu a Unção dos Enfermos e como foi essa experiência. Se ainda não receberam ou presenciaram alguém recebê-la, explique o que você aprendeu sobre esse sacramento.

✓ Siga as orientações do catequista e, junto ao grupo, procure nesta semana conhecer a Pastoral da Saúde da comunidade e como ela está organizada, reunindo informações sobre quem visita os doentes e o que fazem.

**LEMBRETE**

### 13º ENCONTRO

# A MISSA, PARTICIPAÇÃO NO BANQUETE DE DEUS, SACRIFÍCIO DE CRISTO

**SE LIGA**

A MISSA É BANQUETE, festa e refeição alegre, memória da Páscoa de Jesus.

A celebração da Eucaristia é compreendida como uma rica Ação de Graças pela vitória de Cristo sobre a morte. Assim, a missa é memorial de Cristo na cruz que atualizamos, pois nos lavou, redimiu e salvou de uma vez por todas do pecado.

A Eucaristia é memorial da Páscoa de Cristo, por isso o sentido da Eucaristia como sacrifício está presente nas próprias palavras da instituição realizada por Ele quando disse: "Isto é meu Corpo que será entregue por vós" e "Este cálice é a nova aliança no meu Sangue, que é derramado por vós" (Lc 22,19-20). Na Eucaristia, Cristo dá esse mesmo corpo que entregou por nós na cruz e o próprio sangue, "que é derramado em favor de muitos, para a remissão dos pecados"' (cf. CIgC 1365).

Na missa, na Eucaristia, Jesus cuida de nós, oferecendo-nos duas mesas para nos alimentarmos: a mesa da Palavra e a mesa da Eucaristia.

## 1. OLHANDO PARA A VIDA

Motivado pelo catequista, retome o compromisso do encontro anterior, partilhando com o grupo as informações obtidas com sua família sobre a Unção dos Enfermos e sobre a experiência de conhecer como está organizada a Pastoral da Saúde.

✓ Ouça o que seu catequista irá apresentar sobre o tema deste encontro.

## 2. ORAÇÃO INICIAL

✓ Inicie este encontro traçando sobre você o sinal da cruz, o sinal do cristão.

## 3. ESCUTANDO A PALAVRA

✓ A cada encontro, a Palavra de Deus alimenta a sua vida. Faça silêncio, preparando-se para escutar e acolher a Palavra.
✓ Proclamação do Evangelho segundo São Marcos 14,12-25.
✓ Leia, em silêncio, o texto.

**PENSE E ANOTE:**

a) As palavras difíceis e o versículo que mais chamou a sua atenção.
b) O que está acontecendo na passagem lida?
c) Como aconteceu a ceia de Jesus com os doze discípulos?

## 4. MEDITANDO A PALAVRA

A partir das questões, converse e reflita com o grupo sobre a Palavra de Deus ouvida:

✓ O que a reflexão deste encontro te ensina?
✓ Você entende que a Eucaristia não é somente comungar o corpo de Cristo, mas é a celebração da sua Paixão, Morte e Ressurreição que atualizamos a cada missa?
✓ O que significa a Eucaristia, a celebração da missa, para você?

- ✓ Que significados têm as expressões de Jesus "isto é meu corpo" e "este é meu sangue"?
- ✓ A ceia celebrada por Jesus com seus discípulos é atual. De que modo você pode participar do banquete, da ceia de Jesus?

● Faça suas anotações.

## 5. REZANDO COM A PALAVRA

- ✓ Motivado pelo catequista, faça sua oração a Deus.
    - O que a Palavra e o encontro de hoje fazem você dizer a Deus?
- ✓ Coloque-se na presença de Deus e agradeça pelo dom da Eucaristia.
- ✓ Contemple as palavras que compõem o espaço do encontro e agradeça a Jesus pela sua Paixão, Morte e Ressurreição, seu sacrifício na cruz, para a sua e a nossa salvação.

> Reze o Salmo 116 (115).

## 6. VIVENDO A PALAVRA

- ✓ Após ter ouvido, meditado e rezado a Palavra de Deus neste encontro, o compromisso do grupo desta semana será de, no próximo domingo, participar da Eucaristia para celebrar o que neste encontro compreenderam melhor sobre a missa.

**LEMBRETE**

**ANOTAÇÕES PESSOAIS**

## 14º ENCONTRO

# A MESA DA PALAVRA

### SE LIGA

**NA EUCARISTIA,** nos alimentamos de duas mesas: a mesa da Palavra e a mesa da Eucaristia.

A Eucaristia é a mais plena e própria maneira para celebrar o dia do Senhor. Desde o início do cristianismo, a Palavra tem papel importante no seio das comunidades. Na celebração eucarística, ou missa, há a Liturgia da Palavra – quando Deus fala com seu povo por intermédio de fatos, histórias e acontecimentos – e a Liturgia Eucarística – quando Cristo se faz pão para alimentar seu povo. Assim nos assemelhamos aos primeiros cristãos que se reuniam para ouvir os ensinamentos dos Apóstolos, para a fração do pão e para a partilha e comunhão dos bens.

## 1. OLHANDO PARA A VIDA

Retome junto ao grupo o compromisso do encontro anterior e conversem sobre:
- ✓ O que você pode destacar de importante? Participou da celebração na comunidade? Como identificou o que aprendeu no encontro anterior sobre a missa?
- ✓ Quando você tem contato com a Palavra de Deus?
- ✓ O que você entende quando se fala em 'mesa da Palavra'? Que sentido tem a mesa em sua casa?

## 2. ORAÇÃO INICIAL

- ✓ Reunido com seu grupo, em nome da Trindade Santa, trace o sinal da cruz.
- ✓ Faça um instante de silêncio, preparando o coração para acolher bem o que viverá neste encontro.

## 3. ESCUTANDO A PALAVRA

- ✓ Em atitude de escuta e respeito, fique em pé para a proclamação do texto bíblico de Atos 2,42-46, que será realizada duas vezes.

**PENSE E ANOTE:**

a) Quais as palavras difíceis e/ou qual o versículo que mais chamou a sua atenção?
b) Quais eram as características das primeiras comunidades cristãs?
c) Como viviam os cristãos?

_____
_____
_____
_____
_____
_____

## 4. MEDITANDO A PALAVRA

Em diálogo com o grupo, reflita, ajudado pelas perguntas e com a orientação do catequista:

- ✓ O que o encontro de hoje diz para você?
- ✓ Toda comunidade era atenta à doutrina que os Apóstolos pregavam, vivendo muito a unidade. E você, qual é a sua relação pessoal com a Palavra de Deus?
- ✓ A comunidade está sendo inspirada pelo exemplo das primeiras comunidades cristãs?
- ✓ Como você e o grupo pode vivenciar melhor a mesa da Palavra em nossa comunidade, na família e na dimensão pessoal?
- ✓ Você tem consciência e clareza de que, na liturgia, quando se proclama a Palavra, é o próprio Cristo falando à comunidade reunida? Com que dignidade é feita a Liturgia da Palavra?

● Faça suas anotações.

## 5. REZANDO COM A PALAVRA

✓ No silêncio do seu coração, reze e se pergunte: o que o encontro de hoje faz você dizer a Deus? Que oração brota em seu coração para Deus hoje?

> Acompanhe as orientações do catequista para este momento de oração.
> Reze o Salmo 119 (118), 1-18.

## 6. VIVENDO A PALAVRA

✓ Como compromisso para a semana, pense:
  - De que maneira você pode vivenciar melhor a Palavra de Deus em sua casa?
  - Como você pode dar mais destaque e dignidade à Palavra de Deus em sua casa e na liturgia da comunidade? Que ações e/ou atitudes pretende assumir para que isso se concretize?
✓ Medite com sua família sobre a Palavra de Deus deste encontro.

**Uma dica:** se houver um grupo bíblico de reflexão em sua comunidade e/ou em seu bairro, procure participar e partilhe a experiência no próximo encontro de catequese.

**LEMBRETE**

**ANOTAÇÕES PESSOAIS**

### 15º ENCONTRO

# MARIA, A IMACULADA CONCEIÇÃO

**SE LIGA**

O TEMPO DO ADVENTO é propício para falar e meditar sobre Maria, a mulher fiel à vontade de Deus.

Nas palavras do Papa Paulo VI (1974), a Virgem Maria, por seu dom e graça sem igual, é exemplo para todos os cristãos buscarem ser obedientes à vontade de Deus, entendendo que ao cumprirem essa vontade trilham o caminho da própria santificação. No exemplo da Virgem Maria, reconhecemos em seu sim a adesão responsável à vontade de Deus, assumindo a sua missão de tornar realidade a promessa do Messias esperado, tornando-se a Mãe de Deus, do Verbo Encarnado. Em sua maternidade, manifestou o espírito de serviço ao acolher em seu ventre o Filho de Deus e dar ao mundo o Salvador.

Maria, sendo a Mãe de Deus, viveu uma experiência muito próxima com Jesus, cooperando com sua missão, com amor maternal. Esse amor se estende a todos os filhos de Deus ao ser a serva, a mediadora que intercede por todos junto ao Filho.

## 1. OLHANDO PARA A VIDA

Partilhe com o grupo a experiência do compromisso do encontro anterior:
- ✓ Foi possível conversar sobre a Palavra de Deus em sua casa? Conseguiram ler e rezar com a Palavra de Deus? Foi possível participar de um grupo de reflexão bíblica?
- ✓ Comente que ações você decidiu assumir como compromisso para dar mais destaque e dignidade à Palavra de Deus em sua casa e na liturgia da comunidade.

## 2. ORAÇÃO INICIAL

✓ Procure aquietar-se para buscar o silêncio e favorecer um clima orante para bem realizar o encontro.
✓ Faça o sinal da cruz.
✓ Acompanhe a orientação do catequista e, com seu grupo, reze a oração.

> — O Anjo do Senhor anunciou a Maria.
> — E ela concebeu do Espírito Santo.
> — Eis aqui a serva do Senhor.
> — Faça-se em mim segundo a vossa Palavra.
> — E o Verbo divino se fez carne.
> — E habitou entre nós.
> Ave, Maria...
> Rogai por nós, Santa Mãe de Deus.
> Para que sejamos dignos das promessas de Cristo.
> Oremos. Infundi, Senhor, em nossos corações a vossa graça, a fim de que, conhecendo pela anunciação do Anjo, a encarnação de Jesus Cristo, vosso Filho, cheguemos pela sua Paixão e Morte à glória da Ressurreição. Pelo mesmo Cristo, nosso Senhor. Amém.
> Glória ao Pai...

## 3. ESCUTANDO A PALAVRA

✓ Coloque-se em uma atitude de escuta atenta da Palavra de Deus e acompanhe a proclamação do texto bíblico de Ap 12,1-6.

**PENSE E ANOTE:**

a) O que diz o texto que acabamos de ouvir?
b) Quem é a mulher a quem o texto se refere?
c) Como você entende os fatos narrados?

## 4. MEDITANDO A PALAVRA

Momento de refletir e meditar sobre a Palavra de Deus que foi lida.

- ✓ O que a Palavra deste encontro nos ensina e leva você a meditar?
- ✓ Como a luta entre o bem e o mal se manifesta hoje em nosso mundo, em nossa vida?
- ✓ Conforme lemos na Palavra de Deus, a mulher sofria as dores de parto. Para nascer uma nova vida, é preciso passar pela dor, pelo sofrimento. Nesse sentido, converse com os colegas sobre quais são as dores que a humanidade sofre atualmente. Como, onde e de que forma se manifestam essas dores, esse sofrimento?
- ✓ Hoje, quais são os dragões que querem atacar e devorar as pessoas, as famílias, nossas comunidades e a sua vida pessoal? Como vencê-los?
- ✓ Como tudo isso nos ajuda a preparar o Natal de Jesus?

● Faça suas anotações.

## 5. REZANDO COM A PALAVRA

- ✓ Faça silêncio, preparando-se para fazer sua oração pessoal a Deus, a partir do que foi refletido no encontro: o que você quer dizer a Ele?
- ✓ Partilhe com os colegas sua oração ou faça espontaneamente sua prece de louvor ou pedidos de perdão.

✓ Motivado pelo catequista, reze com o grupo:

*Ó Deus, ternura de paz, Deus da vida, tu derramaste toda a tua graça sobre a bem-aventurada Virgem Maria e preparaste n'Ela uma morada digna para o teu Filho. Nós te pedimos hoje, liberta-nos de todo o mal e guarda-nos sempre nos caminhos do bem, da vida e do Evangelho de Jesus, Filho de Maria, de quem preparamos e esperamos sua nova vinda. Por Jesus Cristo, nosso Senhor, que é bendito pelos séculos. Amém.*

## 6. VIVENDO A PALAVRA

✓ Acompanhe a orientação do catequista sobre o compromisso a ser assumido nesta semana e como podem preparar o Natal de Jesus este ano.

✓ Converse com o grupo sobre a possibilidade de participar dos encontros e dos grupos de família em preparação ao Natal, convidando a própria família. Participe das celebrações do Natal.

✓ Analise com a família a possibilidade de realizar algum gesto de solidariedade para com os mais necessitados.

**LEMBRETE**

**ANOTAÇÕES PESSOAIS**

# PURIFICAÇÃO E ILUMINAÇÃO: TEMPO QUARESMAL

## 16º ENCONTRO

# QUARESMA E CAMPANHA DA FRATERNIDADE: TEMPO DE FAZER ESCOLHAS

**SE LIGA**

QUARESMA PODE SER ESCOLA de vida para o restante do ano. É tempo favorável para revisar a própria vida.

É tempo de Quaresma, tempo para intensificar a vivência da Palavra de Deus celebrada na liturgia de cada domingo, dia do Senhor. É um tempo para nos encontrarmos com Deus e para crescermos em sua amizade e na fraternidade com o próximo. A cada ano, no período da Quaresma, a Igreja propõe a Campanha da Fraternidade com um tema diferente, como forma concreta de viver a conversão pessoal e comunitária.

O seguimento de Jesus gera vida e possibilita ao discípulo viver a partir da verdade mais profunda de si mesmo, a partir do coração. O sinal decisivo de que alguém que crê em Jesus está na sua maneira de fazer escolhas, na busca de viver como Jesus de Nazaré viveu e ensinou. O centro de nossa vida é Jesus Cristo, sua pessoa, sua mensagem, o mistério de sua Morte e de sua Ressurreição.

## 1. OLHANDO PARA A VIDA

Motivado pelo catequista, participe e partilhe com o grupo o compromisso assumido no encontro anterior. Depois, converse sobre o que você entende que seja viver a fraternidade.

## 2. ORAÇÃO INICIAL

- ✓ Acompanhe o que o catequista vai orientar e trace sobre você o sinal da cruz.
- ✓ Participe do grupo, lembrando-se de algum fato ou situação e de pessoas para as quais você deseja rezar e às quais queremos estar unidos.
- ✓ Reze com o grupo o Pai-nosso.

## 3. ESCUTANDO A PALAVRA

- ✓ Conforme a orientação do catequista, coloque-se numa atitude de escuta e acolhida da Palavra de Deus.
- ✓ Proclamação do texto bíblico de Dt 30,15-20.
- ✓ Faça a leitura do texto, em silêncio.

**PENSE E ANOTE:**

a) O que você entendeu do texto lido?
b) Segundo o texto, o que nos aguarda no futuro?

_____
_____
_____
_____
_____
_____
_____
_____
_____

## 4. MEDITANDO A PALAVRA

A partir do que você leu e escutou do texto bíblico, motivado pelo catequista, converse com o grupo, refletindo e meditando sobre a Palavra.

- ✓ Quais são as opções de escolha para nós?
- ✓ O que significa a vida e a felicidade, a morte e a desgraça?
- ✓ Quais as consequências de escolher a vida e a felicidade?
- ✓ Como você pode ajudar as pessoas que ama e a você mesmo a fazer escolhas que são a favor da vida?

- Faça suas anotações.

## 5. REZANDO COM A PALAVRA

- ✓ Acompanhe o que o catequista irá orientar para este momento de oração pessoal, a partir do que você leu e meditou.
- ✓ Depois de tudo que aprendeu com esse texto bíblico, o que pode dizer a Deus? Escreva, em silêncio, uma oração. Depois partilhe com o grupo.

*Reze com o grupo o Salmo 15 (14).*

O símbolo da cruz, símbolo do cristão, faz-se muito presente no tempo quaresmal, em que o sofrimento e a doação do Senhor nos convidam a refletir sobre nossas vidas, escolhas e sobre como estamos vivendo a nossa fé o seguimento a Jesus.

*Olhando para a cruz apresentada neste encontro, acompanhe a orientação do catequista.*

## 6. VIVENDO A PALAVRA

- ✓ Juntamente ao grupo e ajudado pelo catequista, converse sobre: como o grupo pode viver a fraternidade com gestos concretos nesta Quaresma? Pense e partilhe com os colegas.
- ✓ Como compromisso: visite uma pessoa necessitada e leve algo que ela precisa ou dedique um tempo para escutar sua vida e sua história.
- ✓ O que você se propõe a viver, a partir de agora, com relação ao texto?

**LEMBRETE**

**ANOTAÇÕES PESSOAIS**

## 17º ENCONTRO

# JESUS, ÁGUA VIVA QUE SACIA NOSSA SEDE

**SE LIGA**

O ENCONTRO COM JESUS é contagiante, nos torna seus seguidores e nos leva a anunciá-lo aos outros.

Jesus se revela a uma mulher samaritana como o Messias: aquele que tem a água viva que sacia verdadeiramente a quem o procura, a quem se sente triste, é marginalizado ou desprezado. A mulher ouve e crê em Jesus. A partir desse encontro, ela se torna sua discípula e dá testemunho de Jesus entre os seus. Quem faz a experiência do encontro pessoal com Jesus e o reconhece como o Messias é profundamente transformado por esse encontro e se torna um alegre anunciador de Jesus.

## 1. OLHANDO PARA A VIDA

Partilhe com o grupo sobre o compromisso assumido no encontro anterior. Comente sobre a experiência que você teve na visita à pessoa necessitada.

## 2. ORAÇÃO INICIAL

- ✓ Acompanhe a orientação do catequista e procure estabelecer um clima de silêncio e oração para realizar um bom encontro.
- ✓ Faça com o grupo o sinal do cristão, o sinal da cruz.
- ✓ Acolha o convite do catequista para observar os símbolos colocados na ambientação do encontro em silêncio. Escolha um deles, o que mais gostou, e diga o significado que o símbolo tem para você.

## 3. ESCUTANDO A PALAVRA

- ✓ Acompanhe a orientação do catequista para a escuta e meditação da Palavra de Deus.
- ✓ Proclamação do Evangelho segundo São João 4,1-41.

**PENSE E ANOTE:**

- a) Qual a palavra ou frase de que você mais gostou?
- b) Converse com seu grupo sobre como aconteceu o diálogo.
- c) Quais foram os passos que a samaritana deu para descobrir quem era Jesus?

_____
_____
_____
_____
_____
_____
_____
_____

## 4. MEDITANDO A PALAVRA

Ajudado pelo catequista, converse com o grupo e medite sobre:
- ✓ O que a Palavra diz para você e sobre a nossa realidade? Quais são as nossas sedes?
- ✓ Qual a mensagem que o texto deixa para sua vivência de hoje como discípulo(a) missionário(a)?
- ✓ Como a Palavra ensina você a ter um encontro pessoal com Jesus, a exemplo da samaritana?
- ✓ Como são seus diálogos com Jesus por meio da oração?

✓ Colocando-se no lugar da samaritana ao escutar Jesus, que pede água: qual é a água que Ele nos pede?

● Faça suas anotações.

## 5. REZANDO COM A PALAVRA

✓ Procure criar uma atitude de recolhimento e oração, pensando no seu encontro com a Palavra de Deus. O que você aprendeu hoje?
✓ Coloque-se no lugar da samaritana e escute Jesus a te pedir água, oferecer-te água viva, fazendo perguntas a respeito de sua vida. Dialogue com ele.
✓ Reze com seu grupo, seguindo a orientação do catequista:

**Leitor 1:** Senhor, dá-me dessa água, para que eu não tenha mais sede.
**Todos:** *Senhor, dá-me de beber da água pura que me faz viver.*
**Leitor 2:** Mas quem beber da água que eu darei, nunca mais terá sede, porque a água que eu darei se tornará n'Ele uma fonte de água viva.
**Todos:** *Senhor, dá-me dessa água, para que eu não tenha mais sede.*
**Todos:** *Senhor Jesus, que disseste "eu sou a água viva. Quem beber da água que eu lhe der nunca mais terá sede", nós te pedimos, Senhor, abençoa esta água. Fazei com que seja sinal de vida, esperança e alegria. Amém.*

Concluam este momento rezando o salmo 42, que ajuda a pedir a Jesus a água viva.

## 6. VIVENDO A PALAVRA

Após ter lido, meditado e rezado a Palavra de Deus, é hora de comprometer-se mais para viver o que Jesus te pede.

- ✓ Observe o que o catequista vai propor e, junto ao grupo, assuma este compromisso: reserve, nesta semana, cinco minutos a cada dia para fazer uma oração e ter um encontro pessoal com Jesus.
- ✓ Escreva sua oração e, se sentir-se à vontade e quiser, compartilhe-a no próximo encontro.

**LEMBRETE**

**ANOTAÇÕES PESSOAIS**

## 18º ENCONTRO

# JESUS, LUZ QUE ILUMINA NOSSA VIDA

**SE LIGA**

JESUS ENCONTRA UM HOMEM cego de nascença e age em favor dele.

Revelando a missão recebida do Pai em favor dos necessitados, ao curar o cego de nascença, Jesus manifesta sua vontade de lhe dar dignidade e valor. Em sua nova condição, o homem curado conquista a independência e a liberdade. Não está mais sentado, não é mais um mendigo e expressa sua identidade. O cego, homem simples do povo, um mendigo sem nome, assume uma nova posição ao começar a enxergar e, pela fé, tem pela frente um novo caminho.

## 1. OLHANDO PARA A VIDA

Partilhe com o grupo o compromisso assumido no encontro anterior, se você conseguiu reservar os cinco minutos de oração para o encontro com Jesus. Se conseguiu fazer essa experiência, conte como foi.

## 2. ORAÇÃO INICIAL

✓ Siga a orientação do catequista e, em atitude de oração, faça o sinal da cruz.

## 3. ESCUTANDO A PALAVRA

✓ Deus quer falar ao seu coração, por isso, fique em pé para, com atenção, escutar sua Palavra.

✓ Proclamação do texto do Evangelho segundo São João 9,1-12.26-38.
✓ Reconte para o grupo o Evangelho, com suas próprias palavras.

**PENSE E ANOTE:**

**a)** De qual sinal o texto nos fala?
**b)** Por que o cego foi expulso da sinagoga?

------------------------------------------------------------
------------------------------------------------------------
------------------------------------------------------------
------------------------------------------------------------
------------------------------------------------------------

## 4. MEDITANDO A PALAVRA

Converse e medite, junto ao grupo, sobre o que Palavra nos ensina.
✓ Quais os gestos de Jesus apresentados nesse texto?
✓ Qual a palavra mais importante de Jesus para você nesse texto?
✓ Qual foi o comportamento do cego depois da cura?
✓ O que a luz significa para a sua vida?
✓ De que cegueiras precisamos nos libertar para sermos uma verdadeira comunidade de irmãos?

● Faça suas anotações.

> Acompanhe e participe do que o catequista irá sugerir para realizar, viva esta experiência do que ouvimos na Palavra de Deus.

## 5. REZANDO COM A PALAVRA

- ✓ Ainda hoje, há muitas pessoas que rejeitam a luz oferecida por Jesus. Em que momento na sua vida você rejeitou a luz de Jesus?
- ✓ Faça uma oração espontânea, usando palavras da sua própria reflexão.
- ✓ Reze com o grupo:

*Senhor Jesus, luz da luz, luz verdadeira, vós que iluminais toda a humanidade, por isso vos pedimos: iluminai com vossa luz os nossos corações, os corações de todos os que se encontram tristes, abatidos, sofrendo alguma enfermidade. Despertai, em cada um de nós, o desejo de ver e de enxergar à luz da fé. Que sintamos todos a alegria da vossa luz que brilha em nós. Amém.*

*Acompanhe a oração do Salmo 27 (26). A cada parte do Salmo, responda: O Senhor é minha luz e salvação...*

## 6. VIVENDO A PALAVRA

- ✓ Acompanhe a orientação do catequista para o compromisso da semana.
- ✓ O que você pode fazer em favor dos deficientes, junto à sua família e na nossa comunidade?
- ✓ Como compromisso para esta semana, cada um de nós vai fazer uma visita para uma pessoa com deficiência visual ou com outra deficiência, levar uma lembrancinha e dedicar um pouquinho do seu tempo, falando sobre Jesus para a pessoa.

**LEMBRETE**

## ANOTAÇÕES PESSOAIS

## 19º ENCONTRO

# JESUS É VIDA QUE VENCE A MORTE

### SE LIGA

**A VIDA VENCE A MORTE.** Jesus é o Senhor da vida, Ele vai trazer vida nova.

Para a fé cristã, a vida não é interrompida pela morte, mas caminha para sua plenitude. Aqueles que acolhem Jesus, d'Ele recebem a vida plena da ressurreição. Jesus se apresenta como a ressurreição e a vida (cf. Jo 11,25a). Ele quer que todos vivam. Marta disse: "Senhor, se tivesses estado aqui, meu irmão não teria morrido" (Jo 11,21). Ela chora, todos choram. Jesus se comove. Quando os pobres choram, Jesus se emociona e chora. Diante do choro de Jesus, os outros concluem: "Vede como ele o amava!" (Jo 11,...). Essa é a característica das comunidades do discípulo amado: o amor mútuo entre Jesus e seus membros.

## 1. OLHANDO PARA A VIDA

Este é o momento de partilhar com os colegas o compromisso assumido no encontro anterior

✓ Você conseguiu visitar uma pessoa com deficiência? Como foi a experiência?

## 2. ORAÇÃO INICIAL

- ✓ Motivado pelo catequista, contribua com o grupo para criar um clima orante e favorável ao encontro de hoje.
- ✓ O sinal da cruz é o que nos identifica como cristãos. Trace esse sinal sobre você, cantando: *Em nome do Pai e do Filho e do Espírito Santo.*
- ✓ Pense e procure responder para você mesmo: qual o sentido da vida para você? O que entende sobre ressurreição?
- ✓ Partilhe com o grupo sua resposta.

## 3. ESCUTANDO A PALAVRA

- ✓ Atentamente e em pé, acompanhe a proclamação da Palavra de Deus.
- ✓ Proclamação do texto bíblico de Jo 11,17-27.
- ✓ Leia novamente, em silêncio.

**PENSE E ANOTE:**

a) Quais são os personagens que aparecem no texto?
b) O que diz o texto lido? Qual o fato acontecido?

------------------------------------------------------------
------------------------------------------------------------
------------------------------------------------------------
------------------------------------------------------------
------------------------------------------------------------
------------------------------------------------------------
------------------------------------------------------------

## 4. MEDITANDO A PALAVRA

Reflita e converse com os colegas do grupo sobre:

- ✓ O que o texto diz para você hoje?
- ✓ Onde você deposita a sua fé?
- ✓ Os gestos e as palavras de Jesus, no texto, tocam sua vida? Como? Por quê?
- ✓ Como a Palavra que ouviu e sobre a qual meditou fortalece sua caminhada de fé?
- ✓ Como você pode viver tendo o mesmo olhar solidário de Jesus?
- ✓ Quando você assume atitudes de Marta ou de Maria na construção do Reino de Deus?

- Faça suas anotações.

## 5. REZANDO COM A PALAVRA

- ✓ Faça seu momento de oração pessoal, a partir do que leu e meditou neste encontro.
  - O que a Palavra faz você dizer a Deus?
  - Que olhar novo você pode assumir, a partir da Palavra?
- ✓ Faça uma oração espontânea, agradecendo a vida nova que recebeu no Batismo, e depois a escreva.

- ✓ Siga a orientação do catequista e professe sua fé, a exemplo de Marta, dizendo junto ao grupo: *Eu creio que tu és o Cristo, o Filho de Deus que veio ao mundo.*
- ✓ Com esta oração, peça a Jesus para viver sempre a nova vida que Ele nos oferece:

*Senhor Jesus, vós ordenastes a Lázaro sair vivo do túmulo, e, pela vossa ressurreição, libertastes da morte toda a humanidade. Nós vos imploramos, em favor de cada um de nós e de todas as pessoas que buscam as águas do novo nascimento e a ceia da vida. Não permitais que o poder da morte nos impeça de viver a vida em plenitude. Fazei-nos participar da vitória de vossa Ressurreição. Amém.*

## 6. VIVENDO A PALAVRA

✓ Converse e pense com o grupo sobre o compromisso que pode ser assumido coletivamente para esta semana.
- O que o encontro de hoje convida você a viver durante esta semana?
- Qual o gesto concreto que você pode assumir como compromisso?

**LEMBRETE**

**ANOTAÇÕES PESSOAIS**

## 20º ENCONTRO

# EUCARISTIA: VIDA DOADA, VIDA DE COMUNHÃO COM DEUS E OS IRMÃOS

 **SE LIGA**

A EUCARISTIA é o centro da vida da Igreja.

A Eucaristia é o sacramento culminante da Iniciação à Vida Cristã e o sacramento da existência cristã, celebrado repetidas vezes ao longo da vida, com toda a comunidade cristã. Alimentando-se da Eucaristia, o cristão comunga do amor de doação de Cristo e, assim, compromete-se a praticar e viver essa mesma caridade em todas as situações.

Na proximidade da festa da Páscoa, Jesus realizou com seus discípulos um encontro. O ambiente é de festa. Estão reunidos para comer o cordeiro pascal e, assim, lembrar a libertação da opressão do Egito.

## 1. OLHANDO PARA A VIDA

Partilhe no grupo, com os colegas, o compromisso do encontro passado.

## 2. ORAÇÃO INICIAL

- ✓ Acompanhe a orientação do catequista e procure criar uma atitude de oração.
- ✓ Recorde e partilhe com o grupo algum fato, algo importante, que viveram durante a semana.
- ✓ Reze com o grupo a oração do Pai-nosso.

## 3. ESCUTANDO A PALAVRA

- ✓ Em pé, aproximando-se do livro da Palavra de Deus, acompanhe atentamente a proclamação da Palavra.
- ✓ Proclamação do Evangelho segundo São Lucas 22, 14-20.
- ✓ Leia novamente o texto, prestando atenção nos detalhes que são apresentados.

### PENSE E ANOTE:

Lembre-se do que você leu e, junto ao grupo, procure contar o fato com as próprias palavras.

- a) O que diz o texto?
- b) O que chama a sua atenção?
- c) Quais os personagens que fazem parte da cena?
- d) Qual foi o grande anúncio que Jesus fez ao grupo reunido?

_____
_____
_____
_____
_____

## 4. MEDITANDO A A PALAVRA

Coloque-se numa atitude de meditação e dialogue com os colegas, procurando entender melhor a Palavra proclamada.

- ✓ O que a Palavra e o tema de hoje ensinam a você? O que ajudam você a compreender?
- ✓ Estamos aprofundando o tema da Eucaristia e nos preparando para celebrar a primeira comunhão Eucarística. O que isso significa para você? Que atitudes novas te pede?

✓ O que implica para a sua vida comer do mesmo pão e beber do mesmo cálice, do corpo e do sangue do Senhor?

## 5. REZANDO COM A PALAVRA

✓ Em atitude de oração, após ter refletido sobre o sentido da ceia com o Senhor, o que a Palavra de Deus faz você dizer a Ele?
✓ Em silêncio, faça sua oração e a escreva.

Seguindo a orientação do seu catequista, com seu grupo, reze o Salmo 116 (114-115).

Participe rezando com o grupo:

*Ó Senhor, nós te bendizemos por este alimento, motivo de alegria e que, com nossas mãos generosas, partilharemos entre nós. O teu Espírito desça sobre nós e sobre estes alimentos, e o teu Reino se manifeste. Unidos em Jesus, um só corpo nós seremos, nossa vida oferecemos, como Ele fez na cruz.*
*Seguindo seu ensinamento, reze: Pai nosso...*

## 6. VIVENDO A PALAVRA

✓ Converse com o grupo, ajudados pelo catequista, sobre: o que esse encontro pede para você viver? Anote seu compromisso pessoal.

_____
_____
_____

**Sugestão de compromisso para o grupo:** procurem, no próximo domingo, participar da missa na comunidade, prestando muita atenção na celebração da Eucaristia e em tudo o que acontece. Cada um faz suas anotações, para partilhar no próximo encontro.

**LEMBRETE**

**ANOTAÇÕES PESSOAIS**

**21º ENCONTRO**

# NOSSA PARTICIPAÇÃO NA PÁSCOA DE JESUS: A IGREJA VIVE E SE ALIMENTA DA EUCARISTIA

**SE LIGA**

A IGREJA se alimenta da Eucaristia.

Celebrar a Eucaristia é participar com Jesus de sua Páscoa. Eucaristia é ação de graças, é fazer o que Jesus fez na última ceia, cumprindo o mandamento que Ele nos deixou: "Façam isto em memória de mim" (Lc 22,19). Ao participarmos da ceia eucarística, participamos, no hoje da nossa vida, da Morte e Ressurreição de Jesus. Celebramos "a Páscoa de Cristo na nossa Páscoa e a nossa Páscoa na Páscoa de Cristo" (Doc. 43, n. 300).

## 1. OLHANDO PARA A VIDA

Com a ajuda do catequista, procure lembrar, junto ao grupo, o que foi refletido no encontro passado.
- ✓ Partilhe com os colegas como foi participar da celebração, da missa, o que você percebeu, o que chamou sua atenção e como viveu o compromisso pessoal.

## 2. ORAÇÃO INICIAL

- ✓ Coloque-se numa atitude aberta para a oração e a escuta do que Deus quer falar a você neste encontro.
- ✓ Lembrando-se de que você foi batizado em nome da Trindade Santa, faça o sinal da cruz, o sinal do cristão.
- ✓ Neste encontro, você irá aprofundar mais sobre o tema da Eucaristia. Ela é o centro da vida da Igreja, é alimento e força para cada batizado.

✓ Reze com o grupo a oração:

> *Obrigado, Senhor nosso Deus, pela Eucaristia, sacramento de vosso Filho, Jesus, alimento para nossa vida. Fazei, Senhor, com que nos preparemos bem para participarmos desse sacramento do amor. Que pelo Espírito Santo nos tornemos em Cristo um só corpo e um sacrifício vivo para o louvor da vossa glória. Amém.*
> *Glória ao Pai...*

## 3. ESCUTANDO A PALAVRA

✓ Com atitude de oração e escuta, fique em pé para a proclamação da Palavra de Deus.
✓ Proclamação do Evangelho segundo São João 6, 51-58

**PENSE E ANOTE:**

a) O que chamou a sua atenção? Quais palavras considera mais importantes?
b) O que diz o texto proclamado? De que assunto está tratando?
c) Para quem Jesus está falando?

_____
_____
_____
_____
_____
_____

## 4. MEDITANDO A PALAVRA

Em atitude de meditação, dialogue com o grupo sobre:
✓ O que a Palavra ensina a você hoje?
✓ Quais são as dúvidas e as perguntas que você tem com relação ao tema?
✓ Medite sobre esta afirmação de Jesus: "Eu sou o pão da vida". O que isso significa?
✓ Outro nome que se dá à missa é Eucaristia. Então Eucaristia não é só a comunhão do pão e do vinho, corpo e sangue do Senhor, mas toda a celebração do início ao fim se chama Eucaristia ou celebração eucarística. Está claro para você isso?

● Faça suas anotações.

## 5. REZANDO COM A PALAVRA

✓ Dedique um momento para conversar com Deus. Para isso, pense e reze:
  ▪ O que este encontro faz você dizer a Deus?
✓ Em silêncio, faça sua oração de agradecimento, de louvor ou de súplica a Deus.

✓ Partilhe com o grupo sua oração. Conduzido pelo catequista, permaneça em atitude de oração, seguindo as orientações que irá oferecer.

Na oração do Pai-nosso, rezamos: *o pão nosso de cada dia nos dai hoje*. Reze essa oração com fé e devoção: *Pai nosso...*

## 6. VIVENDO A PALAVRA

Orientado pelo catequista, converse com os colegas sobre:
- ✓ O que o encontro de hoje pede para você viver esta semana?
- ✓ Que atitude ou gesto concreto você pode assumir?
- ✓ Como compromisso da semana, reze e reflita com a família sobre o tema da Eucaristia. Convide também os pais a participarem da celebração na comunidade, durante a semana e/ou no final de semana.

**LEMBRETE**

- ✓ A proposta do próximo encontro é realizar a experiência da refeição fraterna. Para isso, cada um deverá trazer um alimento para partilhar com o grupo.

**ANOTAÇÕES PESSOAIS**

## 22º ENCONTRO

# A EUCARISTIA: CEIA DO SENHOR

**SE LIGA**

**EM CADA EUCARISTIA,** Jesus nos diz: façam isto em memória de mim. Vivam e tenham os mesmos gestos que eu tive.

A ceia do Senhor, descrita em 1Coríntios 11,17-34, é o que nós hoje chamamos de missa ou celebração eucarística. A ceia era realizada nas casas e tinha caráter de uma verdadeira refeição, ao longo da qual o presidente da mesa abençoava o pão e o cálice, como o próprio Jesus fizera durante a ceia, na noite da Quinta-feira Santa.

Cada refeição entre os cristãos lembra a última ceia de Jesus e as muitas refeições que fez durante sua vida, antes e depois da ressurreição. Jesus, muitas vezes, comeu e bebeu com seus discípulos, nas casas. Comer e beber juntos era um gesto muito comum para Jesus. Não podia ser

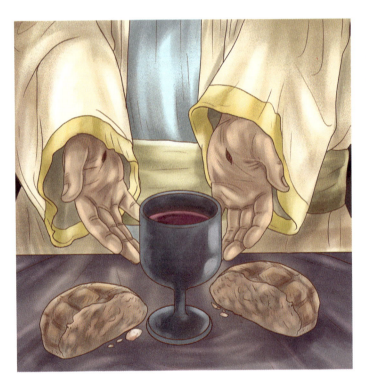

diferente naquela refeição, que seria sua última antes da sua entrega ao Pai.

O pão eucarístico simboliza a vida cotidiana; e o vinho, aqueles momentos de profunda felicidade que nos fazem sentir que vale a pena estar vivo. Comungar Jesus na Eucaristia nos compromete a viver a comunhão com os que foram criados à imagem e semelhança de Deus. Não basta ir à missa e comungar. É preciso fazer da vida uma Eucaristia.

Vários nomes são atribuídos à Eucaristia, e cada um deles expressa um aspecto particular ao se referir a ela. Alguns deles são: ação de graças, fração do pão, assembleia eucarística, memorial, santo sacrifício, santa e divina liturgia, santa missa, celebração eucarística, santa comunhão e ceia do Senhor. Cada um desses nomes refere-se à Eucaristia como o memorial da Páscoa de Jesus Cristo, ou seja, memorial da obra realizada por sua vida, Morte e Ressurreição, atualizada na ação litúrgica, em que nós cristãos participamos do mistério de sua Paixão, Morte e Ressurreição.

## 1. OLHANDO PARA A VIDA

Na alegria de mais um encontro e motivado pelo catequista, converse sobre algo de bom que aconteceu na semana. Partilhe também como conseguiu viver o compromisso do encontro anterior.

Este encontro ajudará você a compreender a Eucaristia como ceia, como refeição. É muito bonito compreender a Eucaristia assim. Não há nada mais humano e universal do que comer e beber juntos. Em todos os grupos humanos e religiões, a comida é parte integrante do culto, e isso não é diferente na tradição cristã.

## 2. ORAÇÃO INICIAL

- ✓ Motivado pelo catequista, posicione-se numa atitude orante. Faça silêncio, preparando sua mente e seu coração para que Deus possa agir em você neste encontro.
- ✓ Faça junto ao grupo o sinal da cruz, e depois rezem a oração do Pai-nosso.

## 3. ESCUTANDO A PALAVRA

- ✓ Com seu grupo, em pé, coloque-se em uma atitude atenta de escuta da Palavra de Deus.
- ✓ Proclamação do texto Bíblico de 1Cor 11,23-26.
- ✓ Orientado pelo catequista, alguém do grupo faz outra vez a leitura do texto. Depois, cada um, em silêncio, lê mais uma vez o texto proclamado.

**PENSE E ANOTE:**

a) O que você se lembra do que foi lido? Como aconteceu o fato?
b) O que chamou a sua atenção?
c) Quem estava presente na refeição?
d) Quais as palavras mais importantes do texto?
e) Você se lembra se já refletiu sobre algum texto parecido? Qual?

## 4. MEDITANDO A PALAVRA

Converse com o grupo, meditando a Palavra de Deus:
- ✓ O que a Palavra de Deus e este encontro dizem para você? Qual é a lição, o ensinamento, que te dão?
- ✓ Este encontro ajudou você a esclarecer o que é a Eucaristia que celebramos?
- ✓ Que nova compreensão da Eucaristia você obtém a partir deste encontro?
- ✓ Você já pensou o que implica para sua vida pessoal participar da Eucaristia mais plenamente?
- ✓ Como viver no seu cotidiano as lições da Eucaristia que celebramos?

● Faça suas anotações.

✓ Observe no quadro comparativo o que Jesus fez na ceia, e o que nós fazemos quando celebramos a missa, além dos gestos de Jesus que acontecem na celebração da Eucaristia.

| O que Jesus fez na última ceia | O que nós fazemos na missa |
| --- | --- |
| Jesus tomou o pão. | Na preparação das oferendas, vinho e o pão são levados ao altar. |
| Jesus deu graças. | Quem preside a celebração, junto a toda a assembleia, reza a oração eucarística. |
| Jesus partiu o pão. | Quem preside, parte o pão antes da comunhão, enquanto é cantado ou rezado o cordeiro de Deus. |
| Jesus deu o pão aos seus discípulos. | Os ministros entregam o corpo e o sangue do Senhor. |

## 5. REZANDO COM A PALAVRA

✓ Dedique este momento para rezar com a Palavra de Deus escutada e meditada, perguntando-se: o que você irá dizer a Deus?

✓ Faça sua oração silenciosa e escreva-a. Depois partilhe com o grupo.

✓ Acompanhe a oração, conforme o catequista orientar, respondendo a cada invocação:

> **Todos:** *Nós te agradecemos, Senhor.*
> *Porque estás presente no meio de nós.*
> *Porque a Eucaristia nos ensina sobre o amor.*
> *Porque contigo aprendemos a comer e beber com os amigos.*
> *Porque a Eucaristia é o alimento para nossa vida.*
> *Porque reconhecemos que a Eucaristia é compromisso com Deus e com os irmãos.*

✓ Se desejar, acrescente outros motivos às preces.

Concluindo este momento, reze com o grupo a oração do Pai-nosso.

## 6. VIVENDO A PALAVRA

✓ A cada encontro, você é convidado a assumir um compromisso para viver. Pare e pense, em silêncio, o que você pode assumir para viver ao longo desta semana e anote.

------

✓ Participe também do compromisso comum que o catequista irá propor para o grupo viver nesta semana.
✓ Convide seus familiares a participarem juntos da missa, no domingo. Acompanhe com atenção a oração eucarística: observe os gestos e as palavras que lembram o que Jesus fez e disse na última ceia.

**LEMBRETE**

## 23º ENCONTRO

# O ESPÍRITO SANTO CONTINUA A VIDA DE JESUS EM NÓS

 **SE LIGA**

O ESPÍRITO DEIXADO POR JESUS tem a missão de continuar, no mundo e na vida dos cristãos.

No dia do nosso Batismo, recebemos o Espírito Santo, e então começou em nós a missão de anunciar a boa-nova do Reino. Fomos confirmados na Crisma com o Espírito Santo, dom de Deus, para nos fortalecermos na decisão de continuarmos a mesma missão de Jesus no mundo. Pela força do Espírito, somos motivados e animados a viver o mesmo amor de Jesus, a só fazer o bem, como Jesus. Todo cristão precisa acolher o Espírito de Jesus, que o faz viver, pensar, agir como Jesus nos ensinou.

## 1. OLHANDO PARA A VIDA

Sob a orientação do catequista, partilhe e converse com o grupo sobre o compromisso assumido no encontro anterior.

101

## 2. ORAÇÃO INICIAL

✓ Acompanhe o que o catequista irá orientar para este momento de oração, de silêncio e invocação do Espírito Santo, faça o sinal da cruz e reze com o grupo:

*Senhor Jesus, que enviaste vosso Espírito para clarear e nos ensinar a viver vossos ensinamentos, fazei com que estejamos sempre atentos para acolher sua inspiração e, assim, unidos a Ele, possamos viver a unidade e a comunhão com a Igreja e com os cristãos espalhados pelo mundo e partilhar da mesma alegria que os Apóstolos partilharam quando receberam o Espírito Santo, prometido por Jesus. Amém!*

## 3. ESCUTANDO A PALAVRA

✓ Em atitude de escuta atenta, com seu grupo, fique em pé para escutar a Palavra de Deus.
✓ Proclamação do texto bíblico de At 2,1-10.
✓ Leia o texto individualmente, prestando atenção nas pessoas, nos fatos, nos sinais narrados.

**PENSE E ANOTE:**

a) O que diz o texto que foi proclamado? Qual foi o acontecimento narrado?
b) Onde acontece a cena e quem estava lá?
c) O que você considerou importante, que chamou a sua atenção?

---
---
---
---
---
---
---

## 4. MEDITANDO A PALAVRA

Retomando o que foi lido, medite e converse com o grupo:
✓ O que o encontro, a Palavra que ouvimos, diz para você hoje?
✓ Qual é o ensinamento que oferece a você e ao grupo?
✓ Você sente a ação do Espírito Santo atuando em você?

- ✓ Como o Espírito se manifesta? Quais os sinais de sua presença?
- ✓ Na sua comunidade, as pessoas e as lideranças agem animadas pelo Espírito ou são grupos fechados e que agem por conta própria? Comente.

● Faça suas anotações.

## 5. REZANDO COM A PALAVRA

- ✓ A Palavra de Deus nos convida para rezar: o que você vai dizer a Deus?
- ✓ Faça, em silêncio, sua oração e escreva-a para guardá-la.

- ✓ Conforme o catequista orientar, partilhe com o grupo sua oração, sua prece, espontaneamente.

Reze o louvor ao Deus da vida com o Salmo 104 (103) 1-12.

## 6. VIVENDO A PALAVRA

- ✓ Ajudado pelo catequista, converse sobre o compromisso a ser assumido nesta semana.
- ✓ Que tal prestar atenção na sua vida diária, nas suas ações, questionando-se: elas provêm do Espírito de Deus ou apenas da sua própria vontade e de seus gostos pessoais?

**LEMBRETE**

**ANOTAÇÕES PESSOAIS**

# 4° TEMPO

## *MISTAGOGIA*

## 24º ENCONTRO

# INICIADOS NA FÉ, SOMOS FORTES NAS ADVERSIDADES

**SE LIGA**

JESUS SEMPRE RENOVA o convite para participarmos da festa do Reino do Pai.

Cada cristão é chamado a seguir Jesus Cristo, fazendo o que Ele fez. Os Evangelhos descrevem como Jesus anunciava a boa-nova de Deus ao povo do seu tempo. Ele não começou a sua missão pregando sobre si mesmo, mas anunciando o Reino de Deus. Era difícil para o povo entender o que era o Reino de Deus, por isso, para facilitar a compreensão, Jesus falava por meio de parábolas. Segundo o biblista Carlos Mesters (2014, p. 154): "Uma parábola é uma espécie de comparação ou imagem, tirada da realidade da vida, para esclarecer outra realidade, relacionada com o Reino de Deus". Isso nos ajuda a entender porque, em suas parábolas, Jesus falava da vida e dos fatos do cotidiano, relacionando-os à prática do amor, ao julgamento, à misericórdia de Deus, à Palava aceita ou rejeitada tudo o que é preciso para o Reino ser edificado e se consolidar, como Deus deseja.

## 1. OLHANDO PARA A VIDA

✓ Partilhe com o grupo como você viveu o compromisso assumido no encontro anterior.
✓ Ouça o que o catequista irá comentar sobre o tema deste encontro e siga sua orientação.

## 2. ORAÇÃO INICIAL

✓ Coloque-se em uma atitude de silêncio e oração, e acompanhe o que o catequista vai conduzir.
✓ Faça o sinal da cruz e reze com o grupo, invocando a presença e ação do Espírito Santo sobre você, sobre o grupo e este encontro, dizendo:

> *Vinde, Espírito Santo, enchei os corações dos vossos fiéis e acendei neles o fogo do vosso amor. Enviai o vosso Espírito e tudo será criado. E renovareis a face da terra.*
> **Oremos:** *Deus, que instruístes os corações dos vossos fiéis com a luz do Espírito Santo, fazei com que apreciemos retamente todas as coisas, segundo o mesmo Espírito, e gozemos sempre de sua consolação. Por Cristo, nosso Senhor. Amém!*

## 3. ESCUTANDO A PALAVRA

✓ Animado pela força e a ação do Espírito de Deus, acompanhe atentamente a proclamação da Palavra de Deus.
✓ Proclamação do Evangelho segundo São Mateus 22,1-14.

**PENSE E ANOTE:**

a) Sobre o que diz o texto?
b) Por que os primeiros convidados rejeitaram o convite para participar do banquete que o Rei tinha preparado? Como reagiram?
c) Qual foi a reação do Rei diante do "não" dos convidados?
d) Apesar de muitos não aceitarem o convite, o Rei não desiste do banquete e manda chamar outras pessoas. Quem foram essas pessoas?
e) Havia um que não estava usando o traje de festa. O que significa?

## 4. MEDITANDO A PALAVRA

No Evangelho, meditamos sobre o profundo amor que Deus tem para conosco, apesar dos nossos "nãos", Ele nunca desiste de nós. Papa Francisco diz aos jovens: "Antes de tudo, quero dizer a cada um a primeira verdade: 'Deus te ama', nunca duvides, apesar do que te aconteça na vida. Em todos os momentos, és infinitamente amado" (CV, n. 112).

- ✓ Diante desse grande amor, que Deus tem para conosco, com o grupo, converse e reflita sobre o que o papa diz aos jovens e acerca da Palavra que foi proclamada, perguntando-se:
  - O que a Palavra de Deus diz para você hoje?
  - Qual é a mudança de vida que a Palavra meditada hoje te pede?
  - Quais são as desculpas ou os ídolos que tiram o lugar de Deus em sua vida? A quem você serve?

- Faça suas anotações.

## 5. REZANDO COM A PALAVRA

- ✓ Em silêncio, faça sua oração a Deus, expressando o que a Palavra e tudo o que aconteceu neste encontro fazem você dizer a Ele e que deseja guardar para sua vida toda.

- ✓ Escreva sua oração, depois partilhe com o grupo.
- ✓ Após cada prece, todos respondem: *Senhor, obrigado por nos amar. Conta conosco!*
- ✓ Peça a Maria que te ajude a pôr em prática a Palavra que foi meditada neste encontro:

> **Consagração:** *Ó minha Senhora e minha Mãe, eu me ofereço todo(a) a vós e, em prova de minha devoção para convosco, vos consagro neste dia meus olhos, meus ouvidos, minha boca, meu coração e todo o meu ser. E já que sou vosso, ó incomparável Mãe, guardai-me e defendei-me como filho e propriedade vossa. Amém!*

## 6. VIVENDO A PALAVRA

- ✓ Deus continua convidando você para o seu banquete, para as celebrações, para a Eucaristia. Como está sua participação na comunidade?
- ✓ O que irá assumir de concreto para mudar a sua vida, renunciando ao que desvia você do plano de Deus?
- ✓ Anote a sugestão de compromisso que o catequista vai propor.

**LEMBRETE**

**ANOTAÇÕES PESSOAIS**

### 25º ENCONTRO

# INICIADOS NA FÉ, SOMOS JOVENS CRISTÃOS, COMPROMETIDOS COM O ANÚNCIO DO REINO DE DEUS

**SE LIGA**

JESUS VEIO AO MUNDO e cumpriu a sua missão. Fez o que o Pai lhe mandou fazer. Ele confia a você também uma missão.

Antes de retornar ao Pai, Jesus nos confiou sua missão: "Vão e façam com que todos os povos se tornem meus discípulos, batizando-os e ensinando-os a observar tudo o que ordenei a vocês. Eis que eu estou com vocês todos os dias, até o fim do mundo" (Mt 28,19-20). O anúncio da boa-nova é, antes de tudo, uma nova prática, fruto da experiência que Jesus tinha com o Pai e que o levava a ter atitudes diferentes dos líderes do seu tempo. Amou a todos e deu uma atenção especial aos pobres, aos pecadores e aos doentes; enfrentou dificuldades e conflitos, foi rejeitado e morto, mas o Pai o Ressuscitou. Jesus nos ensina a enfrentar os desafios da nossa missão, confiando no Espírito Santo que Ele nos deixou, sem ter medo de enfrentar as dificuldades como consequências da missão, pois Ele estará sempre conosco.

## 1. OLHANDO PARA A VIDA

Conduzido pelo catequista, recorde, junto ao grupo, que no encontro anterior refletiram sobre o seguimento de Jesus. Percebemos que nem sempre é fácil seguir os passos de Jesus, pois são tantos os ídolos que nos desviam do caminho de Deus, tornando-nos pessoas tristes, infelizes, e a nossa vida sem sentido.

- ✓ Agora, partilhe com os colegas: como você, ao longo da semana, viveu o compromisso que foi assumido?

> Ouça com atenção o que o catequista irá apresentar sobre o tema deste encontro.

## 2. ORAÇÃO INICIAL

- ✓ Procure assumir uma atitude de oração e silêncio interior e acompanhe com o grupo o que o catequista vai orientar.
- ✓ Reunidos em nome da Trindade Santa, faça o sinal da cruz.

## 3. ESCUTANDO A PALAVRA

- ✓ Com atitude de escuta e respeito, acompanhe a proclamação da Palavra de Deus.
- ✓ Proclamação do Evangelho segundo São Mateus 10,16-26.
- ✓ Leia, em silêncio, o texto que foi proclamado.

**PENSE E ANOTE:**

- a) Qual é o assunto do texto? Para quem Jesus está falando?
- b) Quais as orientações que Ele dá àqueles que foram enviados?
- c) Quais as dificuldades que os discípulos encontraram na missão?

## 4. MEDITANDO A PALAVRA

A Palavra de Deus é para ser meditada. Converse com o grupo, confrontando a Palavra com suas vidas, a partir das questões:

- ✓ O que a Palavra de Deus que acabamos de ouvir diz a você?
- ✓ Quais são os seus medos ao viver, ao testemunhar e ao anunciar Jesus Cristo?
- ✓ Você está disposto(a) a seguir Jesus Cristo e a fazer o que Ele fez?
- ✓ Qual a mudança de vida que a Palavra de Deus pede para você?
- ✓ E quais as dificuldades que você encontra para viver essa Palavra?
- ✓ Você já se sentiu ridicularizado ou rejeitado por ser cristão, por estar no caminho da catequese, por ir à Igreja? Como você lida com isso e o que te faz perseverar?

● Faça suas anotações.

## 5. REZANDO COM A PALAVRA

- ✓ A Palavra de Deus motiva para a oração, e Ele está à sua espera para ouvi-la.

✓ Silencie, coloque-se em clima de oração e fale a Deus seu agradecimento, seu louvor, sua súplica. Escreva o que Deus vai suscitando no seu coração.

Continue a oração, acompanhando a orientação do catequista.

Com o grupo, reze com confiança a oração do Pai-nosso, da Ave-Maria e a Glória ao Pai.

## 6. VIVENDO A PALAVRA

✓ Reflita, junto ao grupo e ajudado pelo catequista, sobre qual será o compromisso que irão assumir para esta semana.

**Sugestão**: visite um(a) colega ou alguém que está afastado da comunidade e convide-o(a) a participar, dizendo-lhe que Jesus o ama muito.

✓ Registre qual foi a reação do(a) amigo(a) e como você se sentiu. Partilhe sua experiência no próximo encontro.

_____
_____
_____
_____
_____
_____
_____

✓ Procure, à noite, antes de dormir, ou pela manhã, ao se levantar, rezar o Salmo 23.

**LEMBRETE**

## 26º ENCONTRO

# INICIADOS NA FÉ CRISTÃ, ANUNCIAMOS JESUS

 **SE LIGA**

**COMO CRISTÃOS BATIZADOS,** somos chamados a professar continuamente nossa fé no Cristo Ressuscitado e anunciá-lo.

Para perseverar no seguimento de Jesus, conforme o livro dos Atos dos Apóstolos, é importante cultivar a nossa fé por meio da participação na vida da comunidade. Esse modo de agir pode ser aprendido com os Apóstolos quando, após a morte de Jesus, eles e seus primeiros seguidores continuaram a frequentar o templo, professando a fé no Ressuscitado. Eles eram perseverantes na fé, na oração, na partilha do pão e no anúncio da Palavra, que leva à conversão. Esse modo de agir dessas comunidades fazia com que, a cada dia, aumentasse o número de pessoas que seguiam Jesus e, com alegria, elas anunciavam as maravilhas de Deus em suas vidas (cf. At 2,42-47).

## 1. OLHANDO PARA A VIDA

Partilhe e converse com o grupo sobre a experiência vivida do compromisso assumido no encontro anterior, mencionando se conseguiu realizar, como se sentiu e qual foi a reação da pessoa quando falou do amor de Jesus e a convidou para participar da comunidade.

## 2. ORAÇÃO INICIAL

- ✓ Procure, em silêncio, pedir a luz do Espírito de Deus para que possa participar e viver intensamente os momentos deste encontro.
- ✓ Reze, seguindo a orientação do catequista.
- ✓ Faça o sinal da cruz, dizendo: *Em nome do Pai e do Filho e do Espírito Santo.*
- ✓ Fique uns instantes em silêncio, olhe para o cenário preparado pelo seu catequista, observando os símbolos, as imagens e outros elementos. O que eles comunicam a você? Que sentimentos despertam em você?

## 3. ESCUTANDO A PALAVRA

- ✓ Em atenção e respeito à Palavra de Deus, fique em pé e acompanhe a proclamação que será realizada.
- ✓ Proclamação do texto bíblico de At 3,1-10.
- ✓ Leia o texto, individualmente.

**PENSE E ANOTE:**

a) Quais são os personagens do texto? Destaque a ação de cada um.

_____
_____
_____
_____
_____
_____
_____

## 4. MEDITANDO A PALAVRA

Depois de ter compreendido bem o texto bíblico, reflita e converse com o grupo sobre:
- ✓ O que a Palavra de Deus diz para você?

✓ Olhando para a sua vida, o que o paralisa, cria dependência? Você depende sempre dos outros para tomar qualquer decisão?
✓ Você sempre espera que alguém faça algo para você?
✓ Qual é o seu olhar para os pobres, doentes ou pessoas que precisam de ajuda?
✓ Existem, em sua cidade, na sua rua ou comunidade, paralíticos hoje? Quem são?
✓ Por que existem pessoas em situação de miséria?

● Faça suas anotações.

## 5. REZANDO COM A PALAVRA

Neste momento de oração, lembre-se de que, uma vez curado, o coxo fez a sua oração de louvor a Deus.

✓ O que você gostaria de agradecer hoje, a partir do texto sobre o qual meditamos? Escreva, reze e partilhe sua oração com o grupo.

✓ Orientado pelo catequista, faça preces espontâneas de agradecimento e de louvor, e, a cada prece, diga: *Obrigado, Senhor, porque nos ama e nos envia em missão!*

Reze com confiança as orações: Pai-nosso, Ave-Maria e Glória ao Pai.

## 6. VIVENDO A PALAVRA

- ✓ Como continuidade deste encontro, leve este anúncio da Palavra de Deus para a sua casa. Leia, com sua família, o Evangelho de Lucas Lc 7,11-17.
- ✓ Meditando o texto em que Jesus ressuscita o filho da viúva, converse e anote:
  - O que mais chamou a sua atenção nos gestos de Jesus?
  - Como Ele vê as pessoas e o que faz para ajudá-las?

O papa, no encontro com os jovens em 2018, falou sobre seu protagonismo, dizendo que este consiste em fazer o que Jesus fez, onde quer que se encontrem, questionando-se: o que faria Jesus no meu lugar?

- ✓ Pense também sobre essa pergunta. Analise, durante a semana, como é o seu olhar, ver, julgar e ajudar. Eles são iguais aos de Jesus? Escreva o resultado de sua análise e suas experiências.

**Desafio:** além de ler, meditar e observar os gestos de Jesus em suas atitudes, faremos um desafio concreto: em duplas, acompanhados pelos pais, saiam pela rua e aproximem-se de pessoas em situação de vulnerabilidade. Conversem com elas, procurando saber o nome das pessoas, onde moram e reconhecendo-as como indivíduos dignos de atenção.

**LEMBRETE**

**ANOTAÇÕES PESSOAIS**

## 27º ENCONTRO

# DAR DA NOSSA POBREZA

**SE LIGA**

DÍZIMO NÃO É ESMOLA, não é pagamento, mas reconhecimento de que tudo o que temos vem de Deus.

O dízimo é muito mais que uma devolução, um pagamento ou uma contribuição. É um compromisso de amor e fé, de reconhecimento e gratidão! O que somos, temos e produzimos são bênçãos do Senhor sobre a nossa vida. Portanto, "O dízimo é uma bênção na vida daquele que crê na força da proclamação da Palavra, tem fé na Trindade Santa e, por isso, apresenta sua vida como oferenda viva, e sabe o valor que tem ofertar o dízimo na comunidade" (CALVO, 2011, p. 12).

O catecismo da Igreja Católica, mesmo não falando diretamente do dízimo, recorda a importância de ajudar a Igreja em suas necessidades. A Sagrada Escritura ajuda a compreender que o dízimo é um compromisso de amor e fé, uma oferta sincera e agradável, a exemplo de nosso Senhor Jesus Cristo, que se fez homem, pobre e se entregou inteiramente por nós. Assim, "Desde o início, os cristãos levam, com o pão e vinho para a Eucaristia, seus dons para repartir com os que estão em necessidade. Este costume da coleta, sempre atual, inspira-se no exemplo de Cristo, que se fez pobre para nos enriquecer" (CIgC, n. 1351). O Papa Francisco (2018), advertindo sobre o consumismo, fez um convite à generosidade, motivando as pessoas a se inspirarem na viúva que doou o pouco que tinha porque, para ela, mulher generosa, dar tudo significava afirmar que o Senhor é mais que tudo.

## 1. OLHANDO PARA A VIDA

Conduzido pelo catequista, recorde com o grupo o que foi refletido no encontro anterior sobre o seguimento de Jesus. Percebemos que nem sempre é fácil seguir os passos de Jesus, pois são tantos os ídolos que nos desviam do caminho de Deus, tornando-nos pessoas tristes, infelizes, e a nossa vida sem sentido.
- ✓ Agora, partilhe com o grupo: como você, ao longo da semana, viveu o compromisso que foi assumido?

*Ouça com atenção o que o catequista irá comentar sobre o tema deste encontro.*

## 2. ORAÇÃO INICIAL

- ✓ Motivado pelo catequista, participe e partilhe com o grupo como você conseguiu realizar o compromisso da semana e como se sentiu com essa experiência.
- ✓ Em atitude de oração, faça o sinal da cruz e depois e reze com o grupo, pedindo a Deus um coração aberto à sua ação.

*Senhor, Pai de infinita bondade, ao ouvir a tua Palavra, que eu a compreenda, a guarde no coração e, acima de tudo, que ela seja manifestada no meu dia a dia, no meu pensar, no meu falar, no meu agir. Ajuda-nos, Senhor, a sermos testemunhas humildes, sinceras e caridosas. Amém.*

## 3. ESCUTANDO A PALAVRA

- ✓ Prepare-se para escutar atentamente a proclamação da Palavra de Deus.
- ✓ Proclamação do Evangelho segundo São Lucas 21,1-4.
- ✓ Leia o texto proclamado, em silêncio.

**PENSE E ANOTE:**

a) Quais os personagens que aparecem no texto? Onde estão? Que gestos e atitudes eles têm?

b) O que o gesto da viúva faz você recordar?

------

## 4. MEDITANDO A PALAVRA

Converse com o grupo e medite a Palavra, deixando-se questionar por ela.
- ✓ O que a Palavra que ouviu diz para você, que apelos ela te faz?
- ✓ Sou capaz de partilhar o pouco que tenho, doando algo de que não faço mais uso? Ou, melhor ainda, doando algo que tenho a mais para uma pessoa necessitada?
- ✓ Você consegue reconhecer e agradecer a Deus por tudo o que tem em sua vida?
- ✓ Sua família ajuda instituições com doação de alimentos ou outros itens, quando solicitada? Contribui com alguma instituição de caridade, projeto do bairro ou da cidade?
- ✓ Você é dizimista? Se sim, o que te motivou? Se não, o que te impede de ser?

● Faça suas anotações.

## 5. REZANDO COM A PALAVRA

- ✓ O que, de tudo o que meditou, o faz rezar e falar com Deus? Que oração brota dentro de você? Faça silêncio para elaborar e escrever sua oração.

_____
_____
_____
_____
_____
_____

- ✓ Motivado pelo catequista, partilhe com o grupo sua oração, o que Deus inspirou você a rezar.

*Com fé e confiança, reze com o grupo a oração do Pai-nosso.*

- ✓ Conclua este momento rezando a oração do dizimista:

*Recebei, Senhor, minha oferta! Não é esmola, porque não sois mendigo. Não é contribuição, porque não precisais. Não é o resto que me sobra que vos ofereço. Essa importância representa meu reconhecimento, meu amor. Pois, se tenho, é porque me destes. Amém.*

## 6. VIVENDO A PALAVRA

- ✓ Junto ao grupo e ajudado pelo catequista, a partir das sugestões propostas, escolham uma ação como compromisso para viver a Palavra de Deus nesta semana.
    - **1ª Sugestão**: pense na proposta de se tornar dizimista e ajude a família a pensar sobre essa possibilidade, se ainda não o é.
    - **2ª Sugestão:** junto ao catequista, combine com o padre e a coordenação da Pastoral do Dízimo um momento de reunião para conhecer melhor como está organizado o dízimo na paróquia.
    - **3ª Sugestão:** faça cartazes com frases bíblicas sobre o dízimo, por exemplo: "Eu sou dizimista, amo a minha Igreja. Deus ama quem dá com alegria" (2 Cor 9,7).

**LEMBRETE**

**ANOTAÇÕES PESSOAIS**

**28º ENCONTRO**

# ORIENTAÇÃO VOCACIONAL E PROFISSIONAL

**SE LIGA**

**A VOCAÇÃO TEM ORIGEM DIVINA:** Deus é quem toma a iniciativa e nos chama desde a sua gratuidade. O chamado é graça e missão.

A palavra "vocação" (do latim *vocare*, isto é, ação de chamar) supõe o encontro de duas liberdades: a liberdade de Deus, que chama; e a liberdade do homem, que responde a esse chamado. Deus chama à santidade, mas as respostas são diferentes. São as chamadas vocações específicas: vocação matrimonial, sacerdotal, vida consagrada, leigos, missionários. Todas as vocações têm a missão de dar continuidade à missão do Senhor, assumindo seu Batismo na comunhão e na cooperação na Igreja e no mundo.

Profissão e vocação parecem ser a mesma coisa, mas não é assim. A profissão é um trabalho ou uma atividade especializada dentro da sociedade e depende de habilidades práticas. Profissão e vocação se referem ao futuro e podem até apontar para uma mesma direção, mas há diferenças entre ambas.

**Vamos compreender o sentido de cada vocação:**

**Vocação matrimonial:** Deus chama muitos para formarem uma família e continuarem a sua obra criadora de gerar filhos. O amor une um homem e uma mulher para ser uma só carne.

**Sacerdotal/padre:** Deus chama um homem para continuar a missão de Jesus, ungindo-o com o Sacramento da Ordem, que o põe a serviço do povo de Deus. Cabe a ele, como ministro, servo, pastor e mediador, suscitar e dinamizar comunidades vivas de fé.

**Vida consagrada/religiosos(as):** Deus chama ao seu seguimento radical da fé cristã na vivência dos conselhos evangélicos de pobreza, de castidade e obediência, vivendo em comunidades religiosas, colocando-se a serviço da Igreja e do mundo com gratuidade.

**Leigo/missionário:** Deus chama para uma vida de doação no dia a dia. A pessoa faz, por opção, a escolha de ser missionário. Dedica seu tempo à evangelização, em comunhão com a Igreja.

## 1. OLHANDO PARA A VIDA

Com a orientação do catequista, estabeleça um diálogo com os colegas e partilhe:
- ✓ Como passou a semana? O que foi bom e o que poderia ter sido melhor?
- ✓ O que você lembra do último encontro de catequese?
- ✓ Qual foi o compromisso assumido pelo grupo? Como foi realizado? Foi bom, foi difícil, valeu?

## 2. ORAÇÃO INICIAL

- ✓ Depois da partilha realizada com o grupo, faça silêncio, assuma uma postura orante e siga as orientações do catequista.
- ✓ Faça o sinal da cruz, sinal do cristão. Depois feche os olhos e faça uma prece a Deus, pedindo para abrir sua mente e o coração a fim de poder ouvir sua Palavra neste encontro.

## 3. ESCUTANDO A PALAVRA

- ✓ Em pé, com atitude de escuta atenta, acompanhe a proclamação da Palavra de Deus que o catequista irá fazer.
- ✓ Proclamação do Evangelho segundo Mateus 5,13-16.
- ✓ Um catequizando proclama outra vez o mesmo texto, e todos, em silêncio, escutam.
- ✓ Depois de escutar a Palavra, colabore com o grupo para contar esse fato relatado no Evangelho de Mateus. Cada um lembra uma parte e, juntos, reconstroem o texto.

**PENSE E ANOTE:**

(a) Qual é o tema do texto?
(b) O que chamou a sua atenção?
(c) Repita palavras-chave como: sal da terra, luz do mundo, lâmpada, boas obras.

## 4. MEDITANDO A PALAVRA

A Palavra de Deus convida você a meditar, pensar sobre o que ela fala ao seu coração. Converse com o colegas e o catequista:
- O que a Palavra diz para você?
- Como você pode perceber que Jesus te chama a segui-lo e a colocar suas qualidades a serviço do Reino?

● Faça suas anotações.

✓ Sob a orientação do catequista, observe o quadro e procure compreender melhor a diferença entre vocação e profissão: em que se assemelham e o que diferem uma da outra?

| Vocação x Profissão ||
| --- | --- |
| **Vocação** | **Profissão** |
| 1. Chamado de Deus para uma missão, aspiração do ser. <br> 2. Empenho exclusivo: o "ser", o amor e o serviço. <br> 3. É para sempre. <br> 4. É vivida 24 horas por dia. <br> 5. Tem a contribuição necessária para viver dignamente. <br> 6. Não tem aposentadoria. <br> 7. Na vocação, eu vivo. | 1. Aptidão ou escolha pessoal. <br> 2. Empenho principal: o "ter", o sustento da vida, do bem-estar. <br> 3. Pode ser trocada. <br> 4. É exercida em determinadas horas. <br> 5. Tem remuneração profissional. <br> 6. Tem aposentadoria. <br> 7. Na profissão, eu faço. |

## 5. REZANDO COM A PALAVRA

✓ Disponha agora sua mente e o seu coração para a oração, para o diálogo com Deus.
✓ A partir da reflexão deste encontro, de ouvir a Palavra de Deus, qual é a oração que brota do seu coração para o coração de Deus?
✓ Em silêncio, faça sua oração e a escreva.

---
---
---
---
---

✓ A seguir, orientado pelo catequista, partilhe sua oração. Depois, apresente ao grupo sua prece espontânea. Após cada um dizê-la, todos respondem: *Jesus, queremos ouvir teu chamado, sendo sal e luz do mundo.*

> De mão dadas e com confiança, reze a oração do Senhor: *Pai nosso...*

## 6. VIVENDO A PALAVRA

- ✓ A Palavra de Deus gera compromisso, por isso, nesta semana, a proposta é que cada um procure uma pessoa e faça perguntas sobre a vocação dela. Junto ao catequista e ao seu grupo, procurem se organizar na distribuição das tarefas para desenvolver a pesquisa e obter um resultado melhor.
- ✓ Lembre-se de pessoas que tenham quatro vocações específicas e que seria interessante entrevistar. As perguntas podem ser guiadas da seguinte maneira:
  - Como você decidiu sua vocação? Você está feliz com sua escolha? Fale sobre as dificuldades dessa escolha.
  - Qual é a sua profissão? O que faz? Você faz o que gosta ou faz por necessidade?
- ✓ Traga por escrito para partilhar com o grupo no próximo encontro.

**LEMBRETE**

**ANOTAÇÕES PESSOAIS**

## 29º ENCONTRO

# MEU PROJETO DE VIDA

**SE LIGA**

JESUS NOS CONVIDA a construir a nossa vida sobre sua Palavra de vida.

Toda pessoa humana tem expectativas e desejos relacionados à sua forma de viver que envolvem estudo, trabalho, lugar para morar, lazer e outros aspectos. Essas expectativas compõem o projeto de vida, que é uma intenção, uma decisão de fazer algo na vida. Isso implica um conjunto de valores em que cada pessoa crê e assume como orientação da sua vida, no lugar onde vive, na relação com Deus, consigo, com os outros e com a criação.

É uma proposta que deve acompanhar a pessoa ao longo de toda a vida. Sendo assim, é importante ter alguém que ajude a elaborar, a orientar, a acompanhar, a retomar de tempo em tempo esse projeto,

Para o cristão elaborar seu projeto pessoal de vida, é fundamental inspirar-se na pessoa de Jesus Cristo. Ele é a referência importante na vida de todo cristão.

## 1. OLHANDO PARA A VIDA

Motivado pelo catequista, converse e partilhe com o grupo sobre o compromisso assumido no encontro anterior.

✓ Como foi a entrevista? Quem você entrevistou e que respostas obteve?

## 2. ORAÇÃO INICIAL

✓ Coloque-se numa atitude de oração e peça ao Senhor da vida que renove em você a disposição para acolher a sua Palavra, traçando o sinal da cruz, que é o sinal do cristão.

✓ Reze com o grupo, pedindo ao Senhor que você possa construir sua vida fundamentando-se na Palavra de Deus. Acompanhe o que o catequista irá orientar.

✓ Reze junto ao grupo:

*Senhor Deus, abre meus ouvidos, meu coração, minha mente, para eu escutar, compreender e acolher a tua Palavra. Amém.*

## 3. ESCUTANDO A PALAVRA

✓ Coloque-se em atitude orante e escute com atenção a proclamação do Evangelho segundo São Mateus 7,24-27.

**PENSE E ANOTE:**

a) O que você leu no texto?
b) Ajude o grupo a contar o relato do Evangelho de Mateus.
c) Destaque palavras, verbos e símbolos.
d) Qual palavra ou frase chamou mais a sua atenção?

_____
_____
_____
_____
_____
_____

## 4. MEDITANDO A PALAVRA

Converse e medite sobre:

✓ O que a Palavra diz para você? E para o grupo de catequese?

Como você pode perceber, Jesus lhe convida para construir sua vida sobre a rocha firme, sobre seus ensinamentos.

✓ O que você precisa fazer para construir a própria vida sobre essa rocha, que é Jesus e sua Palavra?

130

- Faça suas anotações.

✓ Acompanhe a orientação do catequista e participe das atividades propostas: montar o quebra-cabeça e elaborar seu projeto de vida pessoal. O projeto tem como objetivo ajudá-lo a reconhecer qual é a força que te faz caminhar e qual o caminho que traz alegria e realização para sua vida e das pessoas com quem convive.

**Diante do projeto de vida, é importante perguntar-se: o que procuro na vida? Posso seguir essa proposta?**

✓ Escolha uma palavra de vida ou uma frase da Bíblia que represente o centro do seu projeto de vida. Anote-a.

✓ Inicie revendo os aspectos mais importantes de sua vida e responda, escrevendo a respeito.

✓ Quais decisões, atitudes e ações concretas você pretende tomar com relação aos seguintes aspectos:

## 5. REZANDO COM A PALAVRA

✓ Após ter escutado e meditado a Palavra de Deus, da Igreja e a colocação do tema do projeto de vida, faça sua oração silenciosa, fale ao coração de Deus e escreva sua oração.

✓ Acolha o convite do catequista para, espontaneamente, fazer sua oração de súplica ou de louvor a Deus. Após cada um do grupo dizer sua oração, todos respondem: *Jesus, ajuda-me a construir a minha vida a partir da tua Palavra.*

> Reze, junto ao grupo, a oração do Pai-nosso.

✓ Formem um círculo ao redor dos símbolos apresentados no encontro. De mãos dadas, peçam à Nossa Senhora Aparecida, que é mãe, que cuide de você e de cada um do grupo, que oriente cada um a continuar construindo seu projeto de vida fundamentando-se nos ensinamentos de Jesus.

> Finalize rezando: *Ave, Maria... Mãe Aparecida, rogai por nós.*

## 6. VIVENDO A PALAVRA

✓ Como compromisso da semana, procure, em casa, durante a semana, um lugar de silêncio para realizar sua oração. Revise o projeto de vida, complete-o, acrescentando o que sentir necessidade, e ajude a realizá-lo.

**LEMBRETE**

### 30º ENCONTRO

# INICIADOS NA FÉ, SOMOS COMPROMETIDOS COM A COMUNIDADE-IGREJA

**SE LIGA**

A IGREJA É A CASA da comunidade, onde todos são chamados a se encontrar na fé e na amizade fraterna.

A vivência em comunidade é uma das características mais importantes da Igreja primitiva. Os pagãos falavam sobre os cristãos: "Vede como eles se amam". Todos nós formamos a comunidade eclesial. Unidos na caridade e na partilha, somos chamados a construir juntos a fraternidade e a viver na fidelidade, junto ao projeto de Deus, pois sabemos que ninguém se salva sozinho.

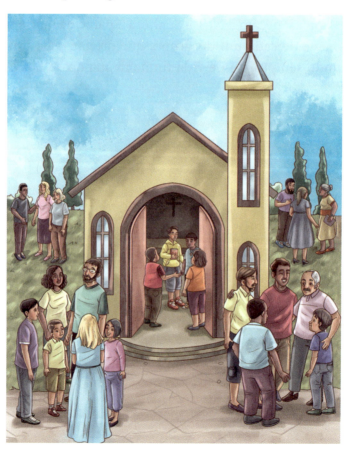

## 1. OLHANDO PARA A VIDA

Na alegria do reencontro, partilhe com o grupo como foi a semana e se conseguiu retomar seu projeto de vida, completá-lo e aperfeiçoá-lo.

## 2. ORAÇÃO INICIAL

✓ Neste encontro, você compreenderá melhor sobre o que é a comunidade e a importância de viver nela. Prepare-se para o encontro fazendo silêncio e invocando a presença e a luz do Espírito Santo.

✓ Na certeza da presença da Trindade em você, faça o sinal da cruz e acompanhe o que seu catequista irá solicitar.

## 3. ESCUTANDO A PALAVRA

✓ Expresse sua atitude de atenção e escuta à Palavra de Deus acompanhando a proclamação da Palavra que será realizada.
✓ Proclamação do texto bíblico de At 5,1-6.
✓ Leia, em silêncio, o texto bíblico.

**PENSE E ANOTE:**

a) Quais são os personagens do texto?
b) O que está acontecendo na passagem lida?
c) Qual foi a resposta de Pedro para aquela situação?

## 4. MEDITANDO A PALAVRA

Para melhor compreender a Palavra, converse com o grupo, auxiliados pelo catequista, a partir das perguntas:
✓ O que a Palavra de Deus diz para você hoje?

- ✓ Que atitudes de vivência, de fraternidade, de partilha e de coerência você tem visto em sua comunidade, na sua família e nas pessoas com as quais você convive?
- ✓ Quais eram as características da primeira comunidade cristã? Você percebe em sua comunidade atitudes parecidas?
- ✓ O que, para você, deve ser evitado na vida comunitária?

● Faça suas anotações.

_____
_____
_____
_____
_____
_____
_____
_____
_____
_____

- ✓ Acompanhe a explicação e a orientação do catequista sobre a importância de participar da vida da comunidade e dos serviços que nela existem para o bem de todos.

## 5. REZANDO COM A PALAVRA

- ✓ Faça seu momento com Deus, sua oração pessoal, a partir do que o tema do encontro e a Palavra fazem você dizer a Deus. Reze e escreva sua oração.

_____
_____
_____
_____
_____
_____
_____
_____

Observando a primeira comunidade cristã, percebemos que tinha como características:

- a unidade na oração;
- a fração do pão;
- o amor fraterno e a partilha de bens;
- colocar tudo em comum, o que possuíam, uns tendo cuidado com os outros.

Esses atributos são os que nós e nossa comunidade somos chamados a praticar nos diversos trabalhos, grupos, movimentos e pastorais, com o objetivo de anunciar a pessoa de Jesus e seu amor por nós.

- ✓ Pense nisso e anote o que julgar mais importante para você participar da vida em comunidade.

_____
_____
_____
_____
_____
_____
_____
_____

- ✓ Faça sua prece espontânea, pedindo ao Senhor a graça, para você e todos os batizados, da disponibilidade para o serviço na comunidade, colaborando conforme seus dons e capacidades.
  - A cada prece realizada no grupo, todos respondem: *Escutai, Senhor, nossa oração.*

> Reze, junto ao grupo, expressando o louvor a Deus com o Salmo 47(46).

## 6. VIVENDO A PALAVRA

- ✓ A Palavra de Deus nos compromete, por isso converse com os colegas sobre o que o tema deste encontro pede para você viver.
- ✓ No encontro, refletiu-se muito sobre a fraternidade, a partilha e a vivência na comunidade. E hoje, como você pode fazer para viver melhor a fé que recebeu da Igreja?

✓ Como compromisso da semana, que tal procurar as pastorais da paróquia para conhecê-las melhor e procurar saber em qual delas você se sente chamado a participar, a contribuir e a fazer parte?

**LEMBRETE**

**ANOTAÇÕES PESSOAIS**

# ANEXOS

# 1

## COM O(A) SANTO(A) PADROEIRO(A), A DEUS, LOUVAÇÃO

**SE LIGA**

**TODA PESSOA HUMANA** é chamada a ser santa, a viver conforme o Evangelho e seguir Jesus.

Cole ou desenhe uma imagem do(a) padroeiro(a) da sua comunidade.

É difícil encontrar alguém que não tenha um santo, uma santa de devoção. Pela sua intercessão, alcançamos em Deus graças, bênçãos e proteção. Os santos são pessoas que testemunharam sua fé em Jesus e viveram de acordo com seus ensinamentos, por isso nos inspiram e motivam a fortalecer a nossa fé em Jesus e a sermos suas testemunhas.

O Papa Francisco, na exortação apostólica *Gaudete et Exultate* (Alegrai-vos e exultai), em que trata sobre a humanidade ser chamada à santidade no mundo atual, argumenta que para sermos santos não precisamos de grandes coisas, grandes gestos, mas das pequenas coisas que, no dia a dia, nos fazem santos. Segundo ele, está ao alcance de todos que desejam crescer no seguimento de Jesus. Para o papa, a santidade pode ser cultivada nas atitudes dos pais que criam seus filhos com amor, nos homens e mulheres que trabalham para levar o pão para casa, naqueles que passam por enfermidades e nos idosos que continuam a sorrir (cf. GeE, n. 7).

## 1. OLHANDO PARA A VIDA

Na alegria de estar junto ao grupo para rezar e meditar a Palavra com a orientação do catequista, converse e participe deste encontro.

- ✓ Você sabe o nome do padroeiro(a) da sua paróquia ou comunidade? O que sabemos sobre a vida dele? Como viveu? Onde nasceu? O que fez para ser santo(a)?

## 2. ORAÇÃO INICIAL

- ✓ Procure fazer silêncio, preparando-se para escutar a Palavra de Deus.
- ✓ Faça o sinal da cruz, lembrando-se de que foi com esse sinal que fomos iniciados à vida cristã.
- ✓ Reze junto ao grupo:

> *Bendigamos ao Senhor, nosso Deus e Pai que, na vida de (nome do(a) padroeiro(a), nos permite depositar em Deus a confiança. Só os santos sabem que nada perdem estando em Deus. Lembramos hoje, em nosso encontro, das pessoas que lutam e buscam um mundo melhor, fazendo com que suas vidas sejam do bem, como foi nosso(a) padroeiro(a). Amém!*

## 3. ESCUTANDO A PALAVRA

- ✓ Com atitude orante, acompanhe atentamente a proclamação da Palavra de Deus.
- ✓ Proclamação do texto bíblico de Ef, 3-14.

> *O catequista irá orientar que seja proclamado o texto uma segunda vez e todos acompanhem na suas Bíblias.*

**PENSE E ANOTE:**

- **a** O que diz o texto?
- **b** O que mais chamou a sua atenção?
- **c** O que você não compreendeu?

---
---
---
---
---
---
---
---

## 4. MEDITANDO A PALAVRA

Converse e medite com o grupo sobre o que o tema deste encontro e a Palavra de Deus ensinaram. Aproveite os questionamentos para ajudar em sua meditação:

- ✓ A vida do padroeiro de sua paróquia te inspira a buscar a santidade?
- ✓ Que fatos, atitudes e situações vividas o fizeram tornar-se santo(a)?
- ✓ De que forma o(a) santo(a) padroeiro da comunidade pode ser modelo de suas ações?
- ✓ Como você pode ser santo(a)?

● Faça suas anotações.

## 5. REZANDO COM A PALAVRA

- ✓ Coloque-se em oração diante do quadro ou da imagem do(a) santo(a) padroeiro(a) de sua comunidade. Peça sua intercessão para levar a Deus o que você quer dizer a Ele. Reze em silêncio e escreva sua prece, sua oração.
- ✓ Com a orientação do catequista, participe com seu grupo da oração, rezando espontaneamente uma dessas preces. Após cada prece, todos devem dizer: *Nós vos damos graças, nosso Deus.*

**Catequista:** Oremos ao Senhor, para que, por meio do(a) nosso(a) padroeiro(a), nos dê a força renovadora do seu Espírito. A cada prece, louvamos:

**Todos:** *Nós vos damos graças, nosso Deus.*
— Olhai, Senhor, por todas as pessoas que buscam viver bem e ajudar os outros.
— Olhai, Senhor, pelas pessoas que trabalham em busca da paz e do diálogo entre os povos.
— Olhai, Senhor, por nossa comunidade, que se prepara para a festa do(a) padroeiro(a); que seja unida, alegre e fraterna.
— Olhai, Senhor, por aqueles que sofrem por causa do Evangelho e por todos que se dedicam à defesa da vida, colocando em risco a sua própria vida.
— Olhai, Senhor, por aqueles que, a exemplo do(a) nosso(a) padroeiro(a), procuram viver no seguimento de Jesus e do Evangelho.

**Todos:** *Senhor, só tu és santo e sem ti ninguém pode ser bom. Tu manifestastes tua santidade na vida e no testemunho de (N.........). Celebrando sua memória, pedimos-te, dai-nos teu Espírito para que, no meio dos trabalhos e lutas de cada dia, tenhamos os mesmos sentimentos de Jesus Cristo e sejamos santos como tu és santo. Por Cristo, nosso Senhor. Amém!*

Reze a oração do Senhor, o Pai-nosso, finalizando este momento.

## 6. VIVENDO A PALAVRA

✓ Como compromisso deste encontro, procure, junto às pessoas da paróquia ou comunidade, conhecer melhor a vida do(a) padroeiro(a) e converse para descobrir um meio de torná-lo mais conhecido.

✓ Participe da novena, do tríduo e das festividades do(a) padroeiro(a) em sua paróquia.

**LEMBRETE**

# 2

## ANO DE EXPERIÊNCIA PASTORAL: CATECUMENATO EUCARÍSTICO

Caro(a) catequizando(a), neste último tempo da Iniciação à Vida Cristã, concluindo o Itinerário Catequético, você é convidado(a) a fazer um ano sistemático, orientado e acompanhado para realizar a experiência de se engajar nas pastorais, nos grupos e movimentos (PGMs) da sua comunidade paroquial.

Essa experiência tem como objetivo central oferecer a você, que está encerrando esta etapa da iniciação cristã, um conhecimento concreto da vida dos agentes de pastoral no desempenho de suas missões específicas. Deseja também despertar em você o entusiasmo e a paixão pela vida cotidiana na comunidade, gerando um espírito de pertença a nosso Senhor na sua Igreja. O texto bíblico inspirador para essa caminhada é o Evangelho de João 1, 35-42:

> No dia seguinte, João estava lá de novo com dois dos seus discípulos. Fixou o olhar em Jesus que passava, e disse: "Eis o Cordeiro de Deus". Os dois discípulos ouviram isto e seguiram Jesus. Então Jesus voltou-se para eles e, vendo que o seguiam, perguntou-lhes: "A quem procurais?" Responderam-lhe: "Rabi – que quer dizer Mestre – onde moras?" Ele disse: "Vinde e vede". Eles foram, viram onde morava e ficaram com ele aquele dia. Eram quase quatro horas da tarde. André, irmão de Simão Pedro, era um dos dois que ouviram as palavras de João e seguiram Jesus. Foi logo encontrar seu irmão, Simão, e lhe disse: "Encontramos o Messias" – que quer dizer Cristo. Ele o levou até Jesus. Jesus fixou o olhar nele e disse: "Tu és Simão filho de João. Serás chamado Cefas, que quer dizer Pedro".

Para que se leve a efeito tal intento, você contará com o envolvimento de todos os membros das pastorais, grupos e movimentos, que irão acolhê-lo seguindo o que instrui o Documento n. 107 da CNBB: toda a paróquia deve ser iniciática, isto é, preocupar-se com a iniciação cristã dos seus membros, em clima de fraternidade e unidade na diversidade de ministérios e carismas.

Você será apresentado(a) e acolhido(a) por uma das pastorais da comunidade na qual fará a experiência de integração de maneira afetiva e efetiva, como membro ativo.

Para registro dessa experiência, você precisará fazer um portfólio, com fotos e relatos escritos das atividades realizadas ao longo do ano. Esse portfólio deverá ser preparado gradativamente, conforme for realizando e/ou participando das atividades, para garantir a fidelidade das informações, ou seja, para que não se esqueça de registrar algo que foi significativo. Esse portfólio será entregue para o coordenador da pastoral que te acompanhou ou para a coordenação da catequese da sua comunidade, para manutenção do arquivo.

## O PORTFÓLIO

O iniciando deverá compor um portfólio do ano de experiência, com fotos e relatos escritos sobre o desenvolvimento das atividades.

O que é o portfólio? É uma pasta em que são arquivados e organizados documentos, trabalhos e relatos de acontecimentos, reunindo os principais registros de fatos, experiências e aprendizados.

O catequista irá orientar como o portfólio poderá ser realizado: individualmente, em dupla ou até três catequizandos.

Para preparar o portfólio, será necessário adquirir uma pasta ou um caderno, para que, desde o início da experiência, possa registrar os acontecimentos, organizando ordenadamente os dados como indicado: datas, horários, locais dos eventos e compromissos acompanhados de fotos e textos escritos que comporão o histórico do ano de experiência pastoral. Essa experiência marcará sua vida, sua caminhada na paróquia, na comunidade e na pastoral da qual você participou.

Coragem! Sê forte! Vá em frente, sem medo.

# 3

## PRINCIPAIS ORAÇÕES DO CRISTÃO

### Sinal da Cruz

Em nome do Pai e do Filho e do Espírito Santo. Amém.

### Persignação

Pelo sinal da Santa Cruz †, livrai-nos, Deus, nosso Senhor, † dos nossos inimigos †.

### Oferecimento do dia

Adoro-vos, meu Deus, amo-vos de todo o meu coração. Agradeço-vos porque me criastes, me fizestes cristão, me conservastes a vida e a saúde. Ofereço-vos o meu dia: que todas as minhas ações correspondam à vossa vontade. E que eu faça tudo para a vossa glória e a paz dos homens. Livrai-me do pecado, do perigo e de todo o mal. Que a vossa graça, bênção, luz e presença permaneçam sempre comigo e com todos aqueles que eu amo. Amém.

### Ave-Maria

Ave Maria, cheia de graça, o Senhor é convosco. Bendita sois vós entre as mulheres, e bendito é o fruto do vosso ventre, Jesus. Santa Maria, Mãe de Deus, rogai por nós, pecadores, agora e na hora de nossa morte. Amém.

### Pai-nosso

Pai nosso, que estais nos céus, santificado seja o vosso nome, venha a nós o vosso Reino, seja feita a vossa vontade, assim na terra como no céu. O pão nosso de cada dia nos dai hoje, perdoai-nos as nossas ofensas, assim como nós perdoamos a quem nos tem ofendido, e não nos deixeis cair em tentação, mas livrai-nos do mal. Amém.

### Glória ao Pai

Glória ao Pai e ao Filho e ao Espírito Santo. Como era no princípio, agora e sempre. Amém.

### Salve Rainha

Salve, Rainha, Mãe de misericórdia, vida, doçura, esperança nossa, salve! A vós bradamos, os degredados filhos de Eva. A vós suspiramos, gemendo e chorando neste vale de lágrimas. Eia, pois, advogada nossa, esses vossos olhos misericordiosos a nós volvei, e depois deste desterro, mostrai-nos Jesus, bendito fruto do vosso ventre, ó clemente, ó piedosa, ó doce sempre Virgem Maria.
℣. Rogai por nós, Santa Mãe de Deus!
℟. Para que sejamos dignos das promessas de Cristo.

## Ângelus (Saudação à Nossa Senhora para o tempo comum)

℣. O Anjo do Senhor anunciou a Maria.
℟. E ela concebeu do Espírito Santo.
℣ Eis aqui a serva do Senhor.
℟. Faça-se em mim segundo a vossa Palavra.
℣. E o Verbo divino se fez carne.
℟. E habitou entre nós.
Ave, Maria...
℣ Rogai por nós, Santa Mãe de Deus.
℟. Para que sejamos dignos das promessas de Cristo.
**Oremos**. Infundi, Senhor, em nossos corações a vossa graça, a fim de que, conhecendo pela anunciação do Anjo, a encarnação de Jesus Cristo, vosso Filho, cheguemos pela sua paixão e morte à glória da ressurreição. Pelo mesmo Cristo, nosso Senhor. Amém.
Glória ao Pai e ao Filho e ao Espírito Santo...

## Rainha do Céu (Saudação à Nossa Senhora para o Tempo Pascal, em lugar do Ângelus)

℣. Rainha do céu, alegrai-vos. Aleluia.
℟. Porque aquele que merecestes trazer em vosso puríssimo seio. Aleluia.
℣. Ressuscitou como disse. Aleluia.
℟. Rogai por nós a Deus. Aleluia.
℣. Exultai e alegrai-vos, ó Virgem Maria. Aleluia.
℟. Pois o Senhor ressuscitou verdadeiramente. Aleluia.
**Oremos**. Ó Deus, que vos dignastes alegrar o mundo com a ressurreição do vosso Filho, nosso Senhor Jesus Cristo, concedei-nos, vo-lo suplicamos, a graça de alcançarmos pela proteção da Virgem Maria, sua Mãe, a glória da vida eterna. Pelo mesmo Cristo, nosso Senhor. Amém.

## Creio

Creio em Deus Pai todo-poderoso, criador do céu e da terra, e em Jesus Cristo, seu único Filho, nosso Senhor, que foi concebido pelo poder do Espírito Santo; nasceu da Virgem Maria, padeceu sob Pôncio Pilatos, foi crucificado, morto e sepultado; desceu à mansão dos mortos, ressuscitou ao terceiro dia; subiu aos céus, está sentado à direita de Deus Pai todo-poderoso, de onde há de vir a julgar os vivos e os mortos. Creio no Espírito Santo, na santa Igreja Católica, na comunhão dos santos, na remissão dos pecados, na ressurreição da carne, na vida eterna. Amém.

## Oração ao Anjo da guarda

Santo Anjo do Senhor, meu zeloso guardador, se a ti me confiou a piedade divina, sempre me rege, guarda, governa e ilumina. Amém.

## Ato de contrição

Meu Deus, eu me arrependo de todo o coração de vos ter ofendido, porque sois tão bom e amável. Prometo, com a vossa graça, nunca mais pecar. Meu Jesus, misericórdia!

## Ato de contrição (2)

Senhor, eu me arrependo sinceramente de todo mal que pratiquei e do bem que deixei de fazer. Pecando, eu vos ofendi, meu Deus, e sumo bem, digno de ser amado sobre todas as coisas. Prometo firmemente, ajudado com a vossa graça, fazer penitência e fugir às ocasiões de pecar. Senhor, tende piedade de mim, pelos méritos da Paixão, Morte e Ressurreição de Jesus Cristo, nosso Salvador. Amém.

## Oração pela família

Pai, que nos protegeis e que nos destes a vida para participarmos de vossa felicidade, agradecemos o amparo que os pais nos deram desde o nascimento. Hoje queremos vos pedir pelas famílias, para que vivam a união e na alegria cristã. Protegei nossos lares do mal e dos perigos que ameaçam a sua unidade. Pedimos que o amor não desapareça nunca e que os princípios do Evangelho sejam a norma de vida. Pedimos pelos lares em dificuldades, em desunião e em perigo de sucumbir, para que, lembrados do compromisso assumido na fé, encontrem o caminho do perdão, da alegria e da doação. A exemplo de São José, Maria Santíssima e Jesus, sejam nossas famílias uma pequena Igreja, onde se viva o amor. Amém.

## Oração de São Francisco de Assis

Senhor, fazei-me instrumento de vossa paz.
Onde houver ódio, que eu leve o amor.
Onde houver ofensa, que eu leve o perdão.
Onde houver discórdia, que eu leve a união.
Onde houver dúvida, que eu leve a fé;
Onde houver erros, que eu leve a verdade.
Onde houver desespero, que eu leve a esperança.
Onde houver tristeza, que eu leve a alegria.
Onde houver trevas, que eu leve a luz!
Ó Mestre, fazei que eu procure mais:
consolar, que ser consolado.
Compreender, que ser compreendido;
amar, que ser amado.
Pois é dando que se recebe,
é perdoando que se é perdoado,
e é morrendo que se vive para a vida eterna! Amém.

## Oração de consagração a Maria

Ó Senhora minha, ó minha Mãe, eu me ofereço todo a vós e, em prova da minha devoção para convosco, eu vos consagro, neste dia, e para sempre, os meus olhos, os meus ouvidos, a minha boca, o meu coração e inteiramente todo o meu ser. E porque assim sou vosso, ó incomparável Mãe, guardai-me, defendei-me como filho e propriedade vossa. Amém.

## Magnificat
*(Cântico de Nossa Senhora)*

A minha alma glorifica ao Senhor e o meu espírito se alegra em Deus, meu Salvador.
Porque pôs os olhos na humildade da sua serva, de hoje em diante, me chamarão bem-aventurada todas as gerações.
O todo-poderoso fez em mim maravilhas: Santo é o seu nome.
A sua misericórdia se estende de geração em geração
sobre aqueles que o temem.
Manifestou o poder do seu braço e dispersou os soberbos.
Derrubou os poderosos de seus tronos e exaltou os humildes.
Aos famintos encheu de bens, e aos ricos despediu de mãos vazias.
Acolheu a Israel, seu servo, lembrado da sua misericórdia,
Como tinha prometido a nossos pais, a Abraão e à sua descendência para sempre.
Glória ao Pai e ao Filho e ao Espírito Santo, como era no princípio, agora e sempre. Amém.

## Invocação ao Espírito Santo

℣. Vinde, Espírito Santo, enchei os corações dos vossos fiéis e acendei neles o fogo do vosso amor.
℟. Enviai, Senhor, o vosso Espírito, e tudo será criado, e renovareis a face da Terra.
**Oremos**. Deus, que instruístes os corações dos vossos fiéis com a luz do Espírito Santo, fazei que apreciemos retamente todas as coisas, segundo o mesmo Espírito, e gozemos sempre de sua consolação. Por Cristo, Senhor nosso. Amém.

## Cântico de Zacarias
*(da Liturgia das Horas)*

Bendito seja o Senhor Deus de Israel, porque a seu povo visitou e libertou;
e fez surgir um poderoso Salvador na casa de Davi, seu servidor,
como falara pela boca de seus santos, os profetas desde os tempos mais antigos, para salvar-nos do poder dos inimigos e da mão de todos quantos nos odeiam.
Assim mostrou misericórdia a nossos pais, recordando a sua santa Aliança e o juramento a Abraão, o nosso pai, de conceder-nos que, libertos do inimigo, a Ele nós sirvamos sem temor em santidade e em justiça diante dele, enquanto perdurarem nossos dias.
Serás profeta do Altíssimo, ó menino, pois irás andando à frente do Senhor para aplainar e preparar os seus caminhos, anunciando ao seu povo a salvação, que está na remissão de seus pecados; pela bondade e compaixão de nosso Deus, que sobre nós fará brilhar o Sol nascente, para iluminar a quantos jazem entre as trevas e na sombra da morte estão sentados e para dirigir os nossos passos, guiando-os no caminho da paz.
Glória ao Pai e ao Filho e ao Espírito Santo.
Como era no princípio, agora e sempre. Amém.

# 4

## O QUE É IMPORTANTE VOCÊ CONHECER

### Mandamentos da Lei de Deus

1. Amar a Deus sobre todas as coisas.
2. Não tomar seu santo nome em vão.
3. Guardar domingos e festas.
4. Honrar pai e mãe.
5. Não matar.
6. Não pecar contra a castidade.
7. Não furtar.
8. Não levantar falso testemunho.
9. Não desejar a mulher do próximo.
10. Não cobiçar as coisas alheias.

### Sete Pecados Capitais

1. Soberba
2. Avareza
3. Inveja
4. Ira
5. Luxúria
6. Gula
7. Preguiça

### Mandamentos da Igreja

1. Participar da missa nos domingos e festas de guarda.
2. Confessar-se ao menos uma vez ao ano.
3. Comungar ao menos pela Páscoa da Ressurreição.
4. Jejuar e abster-se de carne, conforme manda a Igreja.
5. Contribuir com o dízimo.

### Sacramentos

1. Batismo
2. Crisma ou Confirmação
3. Eucaristia
4. Penitência ou Reconciliação
5. Ordem ou Sacerdócio
6. Matrimônio
7. Unção dos enfermos

### Virtudes Teologais

1. Fé
2. Esperança
3. Caridade

### Virtudes Capitais

1. Temperança
2. Humildade
3. Castidade
4. Generosidade
5. Diligência
6. Caridade
7. Paciência

### *Obras de misericórdia corporais*

1. Dar de comer a quem tem fome.
2. Dar de beber a quem tem sede.
3. Vestir os nus.
4. Dar pousada aos peregrinos.
5. Assistir aos enfermos.
6. Visitar os presos.
7. Enterrar os mortos.

### *Obras de misericórdia espirituais*

1. Dar bom conselho.
2. Ensinar os ignorantes.
3. Corrigir os que erram.
4. Consolar os aflitos.
5. Perdoar as injúrias.
6. Sofrer com paciência as fraquezas do nosso próximo.
7. Rogar a Deus por vivos e defuntos.

## O QUE SÃO DIAS DE PRECEITO?

O Terceiro Mandamento da Lei de Deus apregoa: "Guardar os domingos e festas de guarda". Esses dias devem ser vividos como um valioso momento para celebrar o mistério pascal de Jesus. A Igreja, pelo seu calendário litúrgico, nos indica quais são os dias de preceito ou dias santos de guarda, para que os cristãos os dediquem especialmente a Deus.

De acordo com o Código de Direito Canônico (Cân. 1247), "dias de festa", "dias de preceito", "festas de preceito" ou, como se diz, "dias santos de guarda" são dias em que "os fiéis tem obrigação de participar da Santa Missa e devem abster-se das atividades e negócios que impeçam o culto a ser prestado a Deus, a alegria própria do Dia do Senhor e do devido descanso do corpo e da alma".

O domingo é o dia por excelência para a reunião da comunidade, para a escuta da Palavra e para celebrar a Eucaristia. O calendário litúrgico da Igreja é o mesmo no mundo inteiro, mas as autoridades eclesiásticas de cada país podem "mover" algumas datas de acordo com a realidade local, a fim de facilitar o cumprimento dos dias de preceito.

No Brasil, além do domingo, as festas de preceito são a Imaculada Conceição de Nossa Senhora (8 de dezembro), o Natal do Senhor (25 de dezembro), a Santa Maria, Mãe de Deus (1º de janeiro), o *Corpus Christi*, a Epifania – Dia de Reis (6 de janeiro), o São José (19 de março) e a Ascenção de Jesus ao Céu (quinta-feira da sexta semana da Páscoa).

Outras solenidades passaram a ser celebradas aos domingos: São Pedro e São Paulo, em 29 de junho; a Assunção de Nossa Senhora, em 15 de agosto; e o Dia de Todos os Santos, em 1º de novembro. As solenidades são constituídas pelos dias mais importantes, cuja celebração começa no dia anterior, com as primeiras vésperas. Algumas solenidades são enriquecidas com uma missa própria para a vigília.

Essas celebrações têm orações, leituras e cantos próprios ou retirados do comum. Várias datas de preceito na Igreja já coincidem com domingos, como o Domingo de Ramos, o Domingo de Páscoa, o Domingo de Pentecostes e o Domingo da Santíssima Trindade.

Conecte-se conosco:

facebook.com/editoravozes

@editoravozes

@editora_vozes

youtube.com/editoravozes

+55 24 2233-9033

www.vozes.com.br

Conheça nossas lojas:
www.livrariavozes.com.br

Belo Horizonte – Brasília – Campinas – Cuiabá – Curitiba
Fortaleza – Juiz de Fora – Petrópolis – Recife – São Paulo

  Vozes de Bolso

**EDITORA VOZES LTDA.**
Rua Frei Luís, 100 – Centro – Cep 25689-900 – Petrópolis, RJ
Tel.: (24) 2233-9000 – E-mail: vendas@vozes.com.br